基于信息不对称的城市工业用地集约利用效率研究

“土地配给”假说及其检验

Study on Intensive Utilization Efficiency of Urban Industrial Land Based on Information Asymmetry

Hypothesis of “Land Rationing” and Its Test

许 港 著

经济管理出版社
ECONOMY & MANAGEMENT PUBLISHING HOUSE

图书在版编目（CIP）数据

基于信息不对称的城市工业用地集约利用效率研究：“土地配给”假说及其检验/许港著．—北京：经济管理出版社，2021．5
ISBN 978－7－5096－7834－3

Ⅰ．①基…　Ⅱ．①许…　Ⅲ．①城市—工业用地—土地利用—研究—中国　Ⅳ．①F429．9

中国版本图书馆 CIP 数据核字（2021）第 042310 号

组稿编辑：梁植睿
责任编辑：梁植睿
责任印制：黄章平
责任校对：陈　颖

出版发行：经济管理出版社
（北京市海淀区北蜂窝 8 号中雅大厦 A 座 11 层　100038）
网　　址：www．E－mp．com．cn
电　　话：（010）51915602
印　　刷：唐山玺诚印务有限公司
经　　销：新华书店
开　　本：720mm×1000mm/16
印　　张：12．75
字　　数：208 千字
版　　次：2021 年 5 月第 1 版　　2021 年 5 月第 1 次印刷
书　　号：ISBN 978－7－5096－7834－3
定　　价：68．00 元

联系地址：北京阜外月坛北小街 2 号
电话：（010）68022974　　邮编：100836

前　言

土地是所有社会经济活动的载体，人多地少是我国的基本国情。随着我国经济发展进入新常态，研究具有中国特色的土地制度安排与中国经济发展质量之间的关系，探讨如何促进中国经济实现高质量发展，具有重要的理论价值。现阶段我国还处于工业化和城市化加速阶段，城市建设用地供求矛盾日趋尖锐，已经成为制约社会经济发展和人民生活水平提高的主要瓶颈之一。为了缓解这一局面，改变城市建设用地结构、提高城市工业用地的集约利用效率成为迫切需要解决的问题。从现有文献资料来看，大多数相关研究遵循的是新经济地理学的理论框架，偏重于从产业集聚、经济增长方式、产业结构等较为宏观的角度，研究工业用地集约利用效率的影响因素和传导机制，缺乏对宏观现象、微观基础的具体分析，忽略了激励机制对资源配置效率的影响。有鉴于此，本书将基于信息不对称视角，从微观主体的效用函数出发，对城市工业用地集约利用效率的变化规律进行研究。

本书遵循“信息不对称—资源配置—城市工业用地集约利用效率”研究思路，以城市工业用地集约利用效率为研究对象，采用文献梳理、数理建模与面板回归分析方法，针对信息不对称对城市工业用地集约利用效率的影响机理进行了理论和实证研究。首先，通过归纳整理已有文献资料，对我国不同历史时期城市工业用地集约效率的历史演进规律进行分析，发现资源禀赋、政府行为和激励机制是影响我国城市工业用地集约利用效率的三大主要因素。在此基础上，本书进一步指出在现有土地出让合约结构下，信息不对称会改变政府激励机制，使价格机制在资源配置中失灵，进而构建了一个基于信息不对称的“土地配给”模型。

模型结果显示，由于信息不对称条件下破产成本与投资强度呈正相关，投资强度可以通过甄别工具和激励机制两个途径影响项目的质量，进而影响土地供给与需求，导致“土地配给”现象的出现。此时，简单地提高投资强度不利于改善资源配置效率。而市场收益率和技术变迁则从不同角度进一步强化了这种“土地配给”现象。其次，本书又以“土地配给”假说为基础，对工业用地集约利用效率进行研究。研究结果显示，信息不对称条件下工业用地集约利用效率除了受边际技术替代率递减规律作用外，还要受到交易成本（风险）的影响。土地配给作为政府权衡风险与收益的方式，有助于提高工业用地的集约利用效率。但是当土地配给均衡实现后，进一步提高投资强度水平则可能会反过来降低工业用地的集约利用效率。本书借鉴了信贷配给理论的相关研究成果，设计了土地配给系数指标来衡量工业用地的配给水平，分别从投资强度、市场收益率、技术变迁和工业用地集约利用效率等不同角度对“土地配给”假说及其推论进行了实证检验，实证检验的结果为“土地配给”假说提供了有力的支持。最后，本书以“土地配给”假说为依据，分别从改善信息不对称、建立事后谈判机制和加快土地市场建设等方面对如何提高城市工业用地集约利用效率提出了相应的政策建议。

本书的创新之处在于：第一，从微观主体的效用函数出发，构建了一个基于信息不对称的“土地配给”模型，以此为基础提出了“土地配给”假说。指出在信息不对称条件下，政府激励机制的变化会改变资源配置方式，而通过信号甄别和激励机制设计则可以改善这一状况，为土地资源配置问题研究提供了一个新的理论框架，研究内容具有一定的新意。第二，从信息不对称角度出发，指出在边际技术替代率递减规律发挥作用的同时，交易成本（风险）也会影响土地集约利用效率。土地配给作为政府权衡风险与收益的方式，会迫使企业家采取自选择行为，有助于提高工业用地的集约利用效率。这与交易成本会影响资源配置效率的思想是一致的，为城市工业用地集约利用效率研究提供了新的研究思路，对现有的土地集约利用效率理论进行了一定的延展。第三，构建了衡量工业用地配给水平的指标——土地配给系数。从投资强度、市场收益率、技术变迁和工业用地集约利用效率四个方面对“土地配给”假说及其推论进行了实证检验，检验结果为“土地配给”假说提供了有力的支持。

目　录

第1章 绪论

1.1 研究背景

土地是经济发展必不可少且重要的生产要素，任何行业的发展都离不开土地要素的合理配置。改革开放以来，中国经济取得了令人瞩目的成就。国家统计局发布的《2017年国民经济和社会发展统计公报》的数据显示，中国的GDP总额从1978年的3675亿元增长到2017年的82.7万亿元，占全球GDP的比重上升到15.12%，人均GDP也达到9481.881美元。中国已经成为仅次于美国的世界第二大经济体，实现了由农业大国向工业大国的转变。但与此同时，中国经济发展也面临着如何从高速度增长向高质量发展转型的严峻挑战。中国经济增长前沿课题组等（2012）通过对中国经济潜在增长率的分析，认为由于劳动力拐点的出现、长期增长函数要素弹性参数的逆转以及经济结构的变化，中国经济正在经历增长阶段的转换，以高投资和出口驱动的经济增长阶段正在失去动力。[①] 如果要素生产率不能持续提高，中国经济增长减速将势成必然。

长期以来，我国都依赖低廉的土地价格和粗放的土地利用方式支撑工业化发

① 中国经济增长前沿课题组，张平，刘霞辉，袁富华，陈昌兵，陆明涛．中国经济长期增长路径、效率与潜在增长水平［J］．经济研究，2012（11）：4－17，75.

展。土地集约利用程度不高，土地的粗放、低效利用现象非常明显。自然资源部土地调查成果共享应用平台相关数据显示，截止到2016年底，全国城镇总面积为943万公顷。

2009～2016年，全国城镇面积增加218万公顷，增幅为30%，年均增长超过4%。增幅呈逐渐放缓趋势，年均增长速度由2010年的接近5%下降至2016年的不到4%。2012～2016年，全国可利用的耕地数量从13515.85万公顷下降到13492.10万公顷（见图1.1），降幅逐渐减缓，这预示着土地未来的供应形势将日趋严峻。

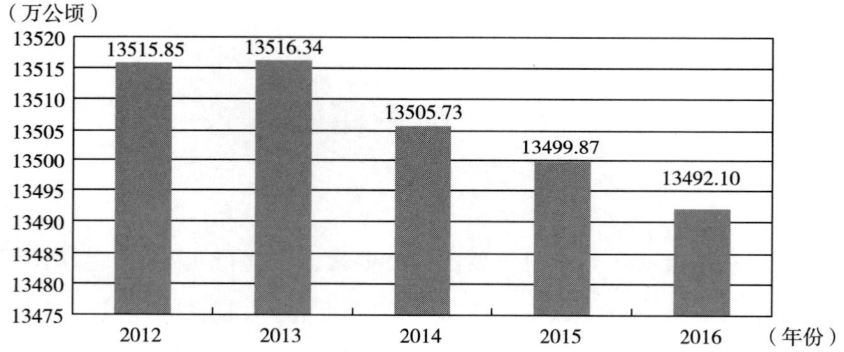

图1.1　2012～2016年全国可利用耕地面积

资料来源：2012～2016年国土资源部统计公报。

而与此同时，土地需求则迅速上升。特别是加入世界贸易组织之后，城镇化和工业化对建设用地的需求剧增。1996～2012年，全国建设用地年均增加724万亩，其中城镇建设用地年均增加357万亩；2010～2012年，全国建设用地年均增加953万亩，其中城镇建设用地年均增加515万亩。2006～2016年，全国城镇建成区面积从34166.7万平方千米增加到52761.3万平方千米，累计增长154.4%，远高于同期全国城镇人口50%左右的增长速度（见图1.2）。土地需求年平均增长率为5.44%，大于同期土地供给4%～5%的增幅。根据世界城镇化的一般发展规律，我国仍处于城镇化快速发展阶段，未来对于土地的需求仍将保持较快的增长。因此，土地供求失衡、城镇规模的扩张仍将是未来相当长一段时间内，制约我国经济发展的主要瓶颈之一。

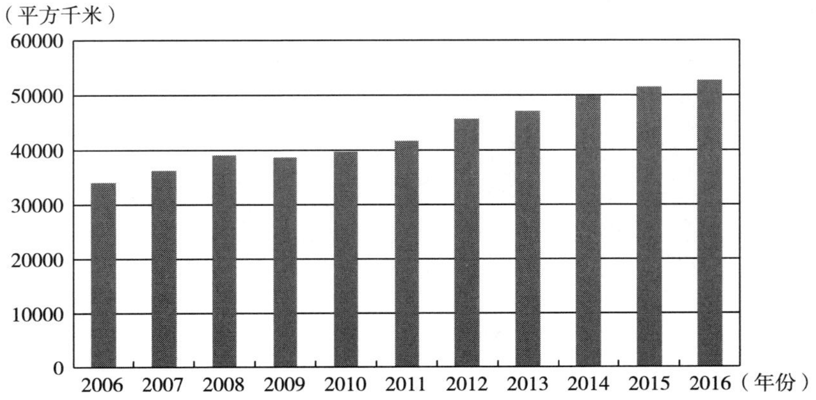

图 1.2　2006～2016 年全国建设用地面积

资料来源：历年《中国城市建设统计年鉴》。

需要指出的是，在土地供求矛盾日益激化的同时，工业用地供给得到了优先保障。自然资源部土地调查成果共享应用平台的相关数据显示，截止到 2016 年底，在全国城镇土地总面积中，城市面积占 46%，建制镇面积占 54%。其中，住宅用地面积 315.9 万公顷，占 33.5%；工矿仓储用地 267.9 万公顷，占 28.4%；公共管理与公共服务用地 117.5 万公顷，占 12.5%；交通运输用地 110.3 万公顷，占 11.7%；商服用地 69.8 万公顷，占 7.4%。2009～2016 年，全国城镇各类土地用途中，工矿仓储用地增幅达到 36.1%，远超同期全国城镇用地的 23.0% 左右的增幅。工矿仓储用地在我国城镇用地结构中所占比例持续上升，从约 18% 上升到接近 30%。即便受到近年来我国经济转型和经济增速下滑的影响，年均工矿仓储用地在建设用地中所占的比重也始终保持在 20% 以上，超过了发达国家（地区）工业用地供应占建设用地 10% 左右比例的平均水平（见图 1.3）。但是，在工矿仓储用地占全国城镇建设用地比例不断提高的情况下，工矿仓储用地产出效益的增长速度却逐年下降。

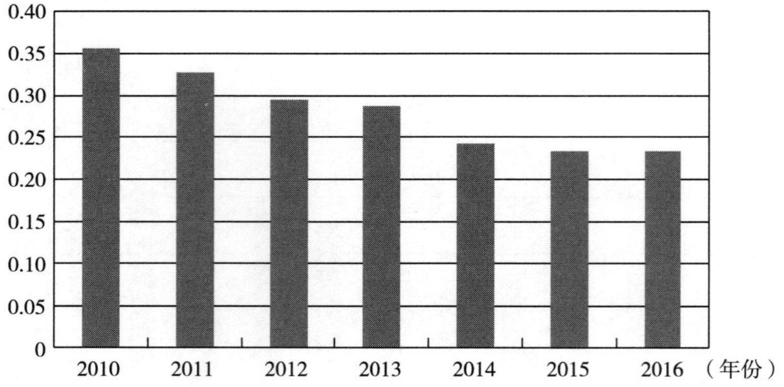

图 1.3　2010～2016 年全国工矿仓储用地占城镇建设用地比例

资料来源：2010～2016 年国土资源部统计公报。

自然资源部①公布的《国家级开发区土地集约利用评价情况通报（2018 年度）》显示，2018 年全国 483 个国家级开发区综合容积率为 0.94，比 2014 年度、2016 年度分别提高了 0.06、0.03；建筑密度为 31.58%，比 2014 年度、2016 年度分别提高了约 1.17 个、0.12 个百分点。工业用地综合容积率为 0.90，比 2014 年度、2016 年度分别提高了 0.06、0.03；工业用地建筑系数为 50.99%，比 2014 年度、2016 年度分别提高了 2.23 个、1.20 个百分点（见表 1.1）。而发达国家（地区）工业用地综合容积率一般是 1.0（车娜，2012），其中日本规定的工业区容积率为 2.0～4.0（陈基伟，2013）。与发达国家和地区相比，我国的工业用地集约程度还存在一定的差距。然而更值得我们注意的是，国家级开发区作为我国经济发展最具代表性的象征，基本上汇聚了国内最有效率的企业，而我国还存在大量的省级及以下的各类开发区，这些地区的工业用地集约利用效率要远低于国家级开发区，因此我国工业用地集约利用效率情况不容乐观。另外，在工业用地低效配置的同时，工业用地集约利用效率还存在明显的区域差异，工业用地产出效益呈现从东部向西部逐步递减的趋势。国土资源部 2017 年底发布的《国家级开发区土地集约利用评价情况通报（2017 年度）》显示，东部地区国家级开发区

① 2018 年 3 月 13 日，国务院机构改革方案公布，组建自然资源部，将国土资源部的职责整合进去，不再保留国土资源部。

工业用地地均固定资产投资超过7700万元/公顷，是西部地区的1.4倍；工业用地地均收入15243.6万元/公顷，是西部地区的1.6倍；工业用地地均税收达到800万元/公顷，是西部地区的1.5倍。

表1.1 历年国家级开发区土地集约利用评价结果

指标	2018年	2017年	2016年	2014年	2012年
综合容积率	0.94	0.92	0.91	0.88	0.83
建筑密度（%）	31.58	31.60	31.46	30.41	29.28
工业用地综合容积率	0.90	0.88	0.87	0.84	0.83
工业用地建筑系数（%）	50.99	50.30	49.79	48.76	47.30
工业用地地均固定资产投资（万元/公顷）	8306.45	6928.00	6452.67	5861.77	5407.31
工业用地地均收入（万元/公顷）	—	12890.10	13264.76	12969.22	12984.94
工业用地地均税收（万元/公顷）	686.95	663.70	602.57	576.88	—

资料来源：笔者根据自然资源部公布的历年《国家级开发区土地集约利用评价情况通报》整理。

工业用地集约利用效率的低下和区域差异的并存为深入了解我国工业用地集约利用效率的变化规律，研究制约我国土地利用效率尤其是工业用地集约利用效率的因素和障碍增加了困难。一直以来，土地出让制度作为一项基础的经济制度被认为会对土地资源的配置产生重要影响。中华人民共和国成立以来，我国的土地出让制度发生过多次重大变化。在计划经济时期，我国的城市建设用地普遍采用无偿划拨的方式进行计划性配置。而在改革开放初期，城市的经营性建设用地开始逐步由无偿划拨转为有偿出让。随着改革开放进入建设社会主义市场经济的新阶段，城市土地出让制度的市场化进程开始逐渐深入。从土地出让制度双轨制，到土地招拍挂制度的全面引入，城市土地出让的市场化已经成为中国经济市场化改革的重要组成部分。但是就城市土地出让市场化对经济增长的作用，理论上并没有形成一致的看法。一种观点认为，土地出让市场化，会带来丰厚的“土地制度红利”，有利于提高土地资源配置效率，从而促进经济发展（陶然等，

2009；赵燕菁，2014）。但另外一些学者认为，价高者得之的土地市场化出让，会产生土地财政和高房价问题，导致资源配置扭曲，对经济发展和社会民生产生严重的负面影响（蒋省三等，2007；张良悦等，2013）。因此，研究中国特色的土地制度安排与中国经济增长之间的关系及其微观传导机制具有重要的理论价值。

党的十九大报告指出，我国经济发展正进入推进高质量发展的新时期。随着经济发展方式转变和经济结构调整，必须加快土地集约利用方式转型和制度创新，实现土地集约利用效率的稳步提高，提升土地对经济社会发展的承载能力。提高工业用地集约利用效率已经成为解决资源利用效率低下、土地供求矛盾等问题，避免落入“中等收入陷阱”，努力建设资源节约型、环境友好型的新型现代化，是实现我国经济高质量发展的关键所在。这对于我国经济社会的可持续发展和“两个一百年”奋斗目标的顺利实现具有重要的现实意义，也是我国经济社会领域的一场深刻变革，必将贯穿到经济社会发展的每一个领域。

1.2 研究目的与意义

1.2.1 研究目的

当前，我国总体上仍处于城镇化快速发展阶段，要建设人与自然和谐共生的新型现代化，转变经济发展方式是必由之路。我国人多地少的基本国情与土地供需之间的巨大缺口仍然是现阶段我国的主要矛盾之一，为此国家有关部门出台多项政策要求提高土地的集约利用水平。从实际效果来看，虽然取得了一定的效果，但并不尽如人意。本书试图通过对城市工业用地集约利用效率历史演进的分析，发现城市工业用地集约利用效率变化的规律，揭示资源禀赋、政府行为和激励约束机制与城市工业用地集约利用效率的内在联系。从微观主体的效用函数出发，分析信息不对称对城市工业用地集约利用效率的影响机理，探讨影响城市工业用地集约利用效率提升的制度根源，并对影响城市工业用地利用效率提升的因素进行检验，最后在转变经济发展方式背景下，对进一步提高城市工业用地集约利用效率给出相应的政策建议。本书力求为推动城市工业用地集约利用水平的根本转变，促进经济发展方式转变与资源效率提升做出应有贡献。

1.2.2 研究意义

1.2.2.1 理论意义

本书的理论意义主要体现在：通过对城市工业用地集约利用效率的分析，指出在信息不对称条件下，传统的价格机制在资源配置方面存在失灵的可能，并以此为基础，提出了一个基于信息不对称的“土地配给”假说。从投资强度、市场收益率和技术变迁等角度分析了信息不对称对土地资源配置的作用机理，揭示了土地配给对城市工业用地集约利用效率的影响机制，为城市工业用地集约利用效率的研究提供了一个新的理论框架。本书在前人研究的基础上，指出信息不对称会改变政府和企业家的激励机制，进而影响城市工业用地的配置效率。为信息不对称条件下的资源配置研究奠定了一个理论基础，扩大了相关研究的广度和深度。同时，本书指出在信息不对称条件下，投资强度可以影响项目质量，提高城市工业用地的集约利用效率，为更全面理解城市工业用地集约利用效率提供了新的解释和途径。

1.2.2.2 实践意义

本书的实践意义主要体现在：在对城市工业用地土地集约利用效率的内涵和历史演进规律分析的基础上，从信息不对称的角度研究了土地配给对城市工业用地集约利用效率的影响机理，探讨制约城市工业用地集约利用效率提升的制度根源，为转变经济发展方式背景下进一步提高城市工业用地集约利用效率提供了切实可行的政策建议。对推进新型城镇化、盘活城市存量土地、走城市用地内涵式挖潜的发展道路、推动资源利用方式根本转变、提高土地资源利用的综合效益、促进经济高质量增长等方面具有重要的实践应用价值，有助于建设资源节约型、环境友好型的新型现代化，促进经济发展增长方式转变，实现我国经济社会的可持续发展。

1.3 研究内容

围绕研究目的，在国内外相关研究的基础之上，本书从微观主体的效用函数出发，综合运用文献梳理、数理建模与数理统计等方法，就信息不对称条件下资源配置对城市工业用地集约利用效率的影响展开相关研究，研究内容主要分为以下七个部分。

1.3.1 城市工业用地集约利用效率的历史演进规律研究

本书通过对中华人民共和国成立以来不同时期城市工业用地集约利用效率历史演进规律的梳理和分析，指出资源禀赋、政府行为和激励约束机制是影响城市工业用地集约利用效率的主要因素。在计划经济时期，正是由于政府选择了与资源禀赋不匹配的发展战略，使资源长期得不到合理的使用和配置，造成资源配置效率的低效与浪费；在计划经济向市场经济转轨时期，随着国家发展战略转型、城市产权主体多元化以及“家庭联产承包制”“财政包干”等激励机制的变化，使工业用地的利用效率开始提高，国有土地使用权市场化开始起步；在社会主义市场经济体制构建时期，随着“分税制”等改革措施的出台，政府和企业的激励机制发生了重大变化，出现了城市无序扩张、城市建设用地结构不合理、工业用地效率低下等问题，最终导致国有土地使用权改革走向了政府规制的道路；在社会主义市场经济体制完善时期，政府开始注重通过微观激励机制的改善来提高政府规制的效力。“土地用途管制”“多种出让方式并存”“城市建设用地增减挂钩”等措施的出台，使城市工业用地的集约利用效率得到提升。

1.3.2 信息不对称对土地配给的作用机理研究

首先，以信息不对称对土地配给的作用机理为目标，本书指出在现有土地出让合约结构下信息不对称会改变政府激励机制，使价格机制在资源配置中失灵，因此单纯地提高投资强度并不一定有利于改善资源配置效率。在此基础上，构建了一个基于信息不对称的“土地配给”模型。模型结果显示，由于信息不对称条件下破产成本与投资强度呈正相关，投资强度可以通过甄别工具和激励机制两个途径影响项目的质量，进而影响土地供给与需求水平，导致“土地配给”现象的出现。其次，本书又从市场收益率和技术变迁角度对土地配给的作用机理进行分析，指出市场收益率和技术变迁会提高土地配给水平。最后，本书指出作为信息不对称条件下市场均衡的表现形式。当土地配给均衡实现后，进一步提高土地配给水平会降低资源配置效率。

1.3.3 土地配给对城市工业用地集约利用效率的影响机理研究

本书分别从信息不对称和生产函数两个角度就土地配给对城市工业用地集约利用效率的影响机制进行研究。本书认为在信息不对称条件下，除了边际技术替代率递减规律外，工业用地的集约利用效率还要受到交易成本（风险）的影响。土地配给作为政府权衡风险与收益的方式，有助于提高工业用地集约利用效率。而从生产函数角度的研究结果也显示，只要政府无法通过期望收益率来区分项目质量，那么提高投资强度可以有效地提升工业用地的集约利用效率。同时，本书也指出土地配给水平的提高并不是无限制的。随着土地配给均衡的实现，进一步提高投资强度水平有可能会反过来降低工业用地的集约利用效率。这与交易成本会影响资源配置效率的思想是一致的。

1.3.4 投资强度对土地配给影响效应的实证研究

本书指出信息不对称条件下投资强度会影响项目的质量，诱使政府采取“土地配给”行为，优化资源配置。为了证明上述推论，本书综合考虑资源禀赋、经济发展水平、制度差异等因素，以国土资源部发布的《国家级开发区土地集约利用评价情况通报（2017 年度）》中的西部地区拥有国家级开发区的 53 个地级市为样本，构造土地配给系数指标代表工业用地的集约利用效率，分别计算各城市 2005 ~2016 年的土地配给系数和投资强度，采用多元回归分析方法分析投资强度对土地配给系数的影响。实证分析结果证实投资强度与土地配给系数存在正相关关系，与本书所提出的推论一致，从而进一步对“土地配给”假说提供了支持，为宏观层面制定优化资源配置相关政策措施提供了理论依据。

1.3.5　市场收益率对土地配给影响效应的实证研究

本书指出信息不对称条件下市场收益率的上升会引发企业家的自选择行为，提高项目质量，进一步提升土地配给水平。为了对上述理论分析结果进行检验，本书依然选择上面所提到的53个城市作为样本，以每个城市的工业资产收益率为市场收益率的代表。根据2005～2016年这些城市的工业资产收益率和土地配给系数，采用面板数据和多元回归分析方法，检验市场收益率变化对土地配给系数的影响。实证检验的结果，证实了本书所提出的市场收益率与土地配给系数呈正相关关系的推论，从而为“土地配给”假说提供了进一步的支持，也为有关部门制定相关政策措施提供了理论基础。

1.3.6　技术变迁对土地配给影响效应的实证研究

技术变迁在生产函数中主要表现为不同生产要素增长率的相对变化。本书指出，在信息不对称条件下技术变迁会提高项目的产出水平，从而增加政府的信息不对称风险。为了解决这一问题，政府必须提高土地配给的水平，因此技术变迁与土地配给的增长率之间呈正相关关系。为了证明上述推论，本书采用对数差分模型，同样以西部地区拥有国家级开发区的53个城市为样本，以投资强度增长率作为技术变迁的代表。根据2005～2016年各城市的投资强度和土地配给系数的面板数据，采用多元回归分析方法分析投资强度增长率与土地配给系数增长率的关系。实证分析的结果证实投资强度增长率与土地配给系数增长率之间存在正相关关系，与本书所提出的推论一致，从而进一步对“土地配给”假说提供了支持，为宏观层面制定提升工业用地集约利用效率的相关政策措施提供了理论依据。

1.3.7　土地配给对城市工业用地集约利用效率影响机制的实证研究

在土地配给对城市工业用地集约利用效率影响机制的理论分析中，本书提出信息不对称条件下，土地配给可以有效提高工业用地的集约利用效率。为了证明上述推论，本书在借鉴已有文献和理论研究的基础上，以工业用地产出效率指标代表工业用地集约利用效率。同样以西部地区拥有国家级开发区的53个城市为样本，分别计算各城市2005～2016年的土地配给系数和工业用地产出效率。最后，根据上述数据，建立了相应的计量模型。采用面板数据和多元回归方法，检验土地配给系数对工业用地产出效率的影响。实证研究结果显示土地配给系数与城市工业用地产出效率存在明显的正相关关系，证明了土地配给对城市工业用地集约利用效率的影响机理，对本书所提出的“土地配给”假说提供了支持。

1.4 研究方法与技术路线

1.4.1 研究方法

1.4.1.1 理论与实证相结合的方法

本书首先对土地边际收益递减理论、财政分权理论、软预算约束理论和信息不对称理论进行了较为全面详尽的梳理，之后围绕我国城市工业用地集约利用效率的历史演进，指出影响城市工业用地集约利用效率的主要因素。以此为基础，构建了一个基于信息不对称的理论框架，提出了针对工业用地资源配置与城市工业用地集约利用效率关系的“土地配给”假说。其次分别从投资强度、市场收益率、技术变迁和工业用地集约利用效率四个方面对“土地配给”假说进行了实证检验。最后针对提升我国城市工业用地集约利用效率提出了相应的政策建议。

1.4.1.2 文献研究法

为了更好地研究工业用地资源配置对城市工业用地集约利用效率的影响，在写作过程中，笔者阅读了大量的有关土地集约利用、信息不对称、财政分权和预算软约束等方面的文献，并对相关文献进行了梳理和总结，尝试找出已有研究的不足之处，为本书写作提供相应的理论基础和研究方向。同时笔者广泛阅读了国土资源部、自然资源部、国家统计局、住房及城乡建设部以及各样本城市历年的统计年鉴和统计公报。

1.4.1.3 数学建模法

在分析土地配给对城市工业用地集约利用效率的影响机理时，本书运用数学建模的方法，构造了一个研究投资强度、市场收益率、技术变迁与城市工业用地集约利用效率关系的数理模型。在模型的基础上提出了关于工业用地资源配置的“土地配给”假说及若干推论，使本书的理论研究能够建立在一个严谨的逻辑基础上。

1.4.1.4 回归分析法

为了更好地检验和证明“土地配给”假说及其推论，本书采用面板数据和多元回归模型，以2005~2016年西部地区的53个城市为样本，就投资强度与土地配给、市场收益率与土地配给、技术变迁与土地配给、土地配给与工业用地产出效率这四组关系进行了回归分析，使本书的结论能够得到实际数据的支持，为相关政策建议的提出奠定坚实的实践基础。

1.4.2 技术路线

为实现研究目的，本书首先对相关理论及文献进行梳理和总结；其次，对研究目标的内涵和历史演进规律进行分析，进一步明晰研究内容与方向；再次，构造理论假说，为随后的实证分析奠定理论基础；接着，进行数据收集和整理工作，对本书提出的理论假说进行实证检验；最后，得出主要的研究结论，并提出有针对性的对策建议。

本书的研究技术路线如图1.4所示。

1.5 创新之处

本书可能的创新之处是：

（1）本书沿着“信息不对称—资源配置—城市工业用地集约利用效率”的研究思路，从微观主体的效用函数出发，构建了一个基于信息不对称的土地配给模型。从投资强度、市场收益率和技术变迁三个方面深入分析了信息不对称对土地配给的作用机理，并以此为基础提出了“土地配给”假说及其相关推论。研究结果显示，信息不对称导致价格机制失灵，改变了政府与企业家的激励机制，对资源配置造成了明显的影响，而通过有效的信号甄别和激励机制则可以改善这种状况。与同类研究相比，本书将资源禀赋、政府行为、信息不对称纳入了一个统一的数理模型之中，为深入研究信息不对称条件下的资源配置问题提供了一个新的理论框架，研究内容具有一定新意。

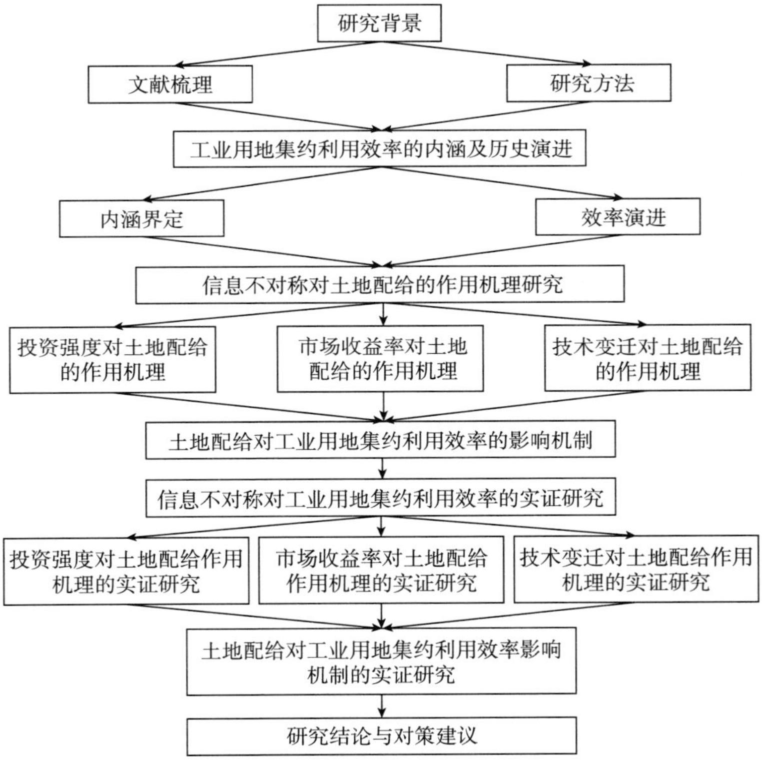

图 1.4 本书的研究技术路线

（2）本书通过土地配给对城市工业用地集约利用效率影响机制的研究发现，在信息不对称条件下，除了边际技术替代率递减规律作用外，工业用地集约利用效率还要受到交易成本（风险）的影响。土地配给作为政府权衡风险与收益的方式，会迫使企业家采取自选择行为，提高工业用地集约利用效率。同时，本书也指出随着土地配给均衡的实现，进一步提高土地配给水平有可能会反过来降低工业用地的集约利用效率。这与交易成本会影响资源配置效率的思想是一致的，为城市工业用地集约利用效率研究提供了新的研究思路，对现有的土地集约利用效率理论进行了一定的延展。

（3）本书在对“土地配给”假说及其推论进行实证检验的过程中，借鉴信贷配给理论的研究成果，创新性地设计了衡量工业用地配给水平的指标——土地配给系数，从投资强度、市场收益率、技术变迁和工业用地集约利用效率四个方面对“土地配给”假说及其推论进行了实证检验，检验结果为“土地配给”假说提供了有力的支持。

第2章　理论基础与文献综述

2.1　理论基础

2.1.1　软预算约束理论

软预算约束概念自提出以来已经有几十年了。最初软预算约束主要用于研究计划经济和转轨经济中存在的经济短缺问题，但随着理论的逐步发展，人们发现软预算约束的现象不局限在以上经济体制，在以私有产权为基础的市场经济体制中也存在着软预算约束的现象。这就要求必须在更一般的层面上探讨软预算约束存在的原因和后果。

科尔奈（Kornai，1979，1980）最早提出软预算约束的概念。他在研究匈牙利经济改革的过程中，发现在国有部门中存在着广泛的软预算约束现象。科尔奈认为软预算约束存在两个主要特征：一是事后重新谈判，二是国有企业与中央管理部门之间的垂直管理体制。由于国有部门的管理者预期即便长期亏损，仍然可以从政府处获得补贴、信贷和价格等形式的救助，所以这种预期会直接影响国有部门的效率，从而导致出现供给短缺、创新低效等问题。科尔奈认为软预算约束出现的原因是政府不愿意接受由于企业破产所导致的一系列不良后果，将其归结为“父爱主义”。[①][②] 软预算约束概念一经提出便受到了广泛的关注，引发了持续的深入研究。Hillman 等（1987）沿着科尔奈的方向进一步指出，在转轨经济条件下，企业面临着一个不确定的经济目标。由于政府害怕失业所引起的不良政治后果，所以企业可以采取制定较低的经济目标，促使政府进行救助。[③] 与上述观点不同，Shleifer 和 Vishny（1994）认为软预算约束存在的原因是政治家出于政治目的考虑对企业行为进行干预的结果。企业要满足政治家的非经济性目的需求，有可能会出现大量的经济损失。作为回报，政治家会通过向企业提供补贴、贷款等软预算约束形式，补偿企业损失。[④]

Freixas 等（1985）从激励机制角度出发，认为由于政府计划，管理者无法承诺在了解更多有关企业经济效益信息以后，不改变企业的激励机制，所以企业管理者没有动力改变软预算约束行为。[⑤]

Li（1992）则从产权的角度对软预算约束产生的原因提出了另一种解释。他认为在公有制的条件下，项目的再融资决策是由银行和企业共同做出的；而私有制条件下，再融资则由银行单方面决定。因此，在公有制条件下只要银行或企业中有一方有意愿，再融资就可能会发生。[⑥] Schmidt 和 Schnitzer（1993）也认为所有权会影响企业内部的信息配置。公有制由于信息成本太高，因而无助于软预算约束问题的解决。但是政府可以通过私有化的方式，促使管理者削减生产成本。[⑦]

Dewatripon 和 Maskin（1990）构建了一个信息不对称的动态博弈模型，将软预算约束的内涵进行了极有价值的拓展。他们的模型证明，在一个分权的制度安排下，虽然坏项目得不到融资，但好项目也难以得到资金的支持，而次优项目却

---

① Kornai J. Resource – Constrained versus Demand – Constrained Systems [J]. Econometrica, 1979, 47 (4): 801 – 819.

② Kornai J. Economics of Shortage [M]. Amsterdam: North – Holland, 1980.

③ Hillman A, Katz E, Rosenberg J. Workers as Insurance: Anticipated Government Assistance and Factor Demand [J]. Oxford Economic Papers, 1987, 39 (4): 4.

④ Shleifer A, Vishny R. Poloticians and Firms [J]. Quarterly Journal of Economics, 1994 (46): 995 – 1025.

⑤ Freixas X, Guesnerie R, Tirole J. Planning under Incomplete Information and the Ratchet Effect [J]. Review of Economic Studies, 1985, 52 (2): 173 – 191.

⑥ Li D. Public Ownership as a Sufficient Condition for the Soft Budget Constraint [J]. CREST Working Paper 93 – 07, Ann Arbor: University of Michigan Center for Research on Economic and Social Theory, 1992.

⑦ Schmidt K, Schnitzer M. Privatization and Management Incentives in the Transition Period in Eastern Europe [J]. Journal of Comparative Economics, 1993, 17 (2): 1 – 287.

最易得到支持，软预算约束其实是逆向选择的结果。[①] 在此基础上，Dewatripon 和 Maskin（1995）提出了一个更为一般化的解释，为软预算约束理论的发展做出了突出贡献。他们认为软预算约束实际上是在特定信息结构条件下，贷款方与借款方通过博弈而形成的一种纳什均衡。由于贷款方和借款方之间信息不对称，贷款方可能会为一些坏项目提供初期资金支持。当意识到投资失误后，小规模贷款方由于资金限制，会终止对于这些项目的投资；而规模较大的贷款方则会被迫对该项目进行再融资。因此，要硬化预算约束，就必须改变原先的信息结构和激励相容条件，使事后不进行补贴或再贷款的承诺变得可信。同时，该模型也指出分散的体系比集中的金融体系更有利于硬化预算约束。[②]

Stiglitz（1994）则对软预算约束的概念进行了另一种形式的拓展。他认为软预算约束的存在除了诸如"父爱主义"等原因外，还因为他们"有押上更大赌注的激励"。那些已经处于困难境地的企业可能会孤注一掷地对一些高风险的项目进行投资，因为即使失败不过是使困难程度更高一点而已；但是如果成功，则可能很大程度上扭转局面。软预算约束也可能是道德风险的一种表现形式。逆向选择和道德风险的引入，使软预算约束理论摆脱了经济体制的束缚，建立在一个更为坚实的理论基础之上。[③]

Hart 和 Moore（1995）从资本结构角度探讨了软预算约束的影响因素。他们认为在所有权与管理权分离的条件下，债务越高越有利于硬化对管理者的约束，但也会导致企业投资不足。为了使债务的硬约束承诺变得可信，需要增加债务人的数量，债务人数量越多，重新谈判的成本越高。[④] 类似地，Huang 和 Xu（1998）也认为，由多家银行提供融资的经济比由一家银行（或政府、主银行等单个机构居中协调）提供融资更有利于硬化预算约束。[⑤]

---

① Dewatripont M, Maskin E. Contract Renegotiation in Models of Asymmetric Information［J］. European Economic Review, 1990, 34（2-3）: 311-321.

② Dewatripont M, Maskin E. Credit and Efficiency in Centralized and Decentralized Economies［J］. Review of Economic Studies, 1995, 62（4）: 541-555.

③ Stiglitz J. Whither Socialism? Wicksell Lectures［J］. Cambrige, MA: MIT Press, 1994.

④ Hart O, Moore J A. Debt and Seniority: An Analysis of the Role of Hard Claims in Constraining Management［J］. The American Economic Review, 1995, 85（3）: 567-585.

⑤ Huang H, Xu C. Soft Budget Constraint and the Optimal Choices of Research and Development Projects Financing［J］. Journal of Comparative Economics, 1998, 26（1）: 62-79.

Qian 和 Xu（1998）认为由于软预算约束的存在，国家不可能在事后终止那些高成本项目，因此只能在事前采取行政手段进行项目的甄别，但这样做会带来较高的成本。① 以此为基础，他们提出中央计划经济的运行成本要高于分散的市场经济。林毅夫和李志赟（2004）则认为政策性负担才是造成中国国有企业出现软预算约束问题的根本原因。国有企业按照政府的要求承担了战略性政策负担及社会性政策负担等社会责任，因此当企业出现亏损时，政府有责任对这些企业进行救助。但由于信息不对称，政府无法辨别这些亏损到底是因企业承担了政策性负担所造成的还是因企业经营不善所造成的，所以只能一视同仁全部进行补贴，导致了软预算约束问题的出现。②

谢作诗和李善杰（2012）将软预算约束问题归结为成本分离问题。在私有产权下，也会因为信息不对称而出现成本分离。但利益最大化公理意味着这种成本分离一定是给定信息结构（交易成本）约束下最小的分离，与此对应的软预算约束也一定是在给定信息结构约束下最低程度的软预算约束。而在公有产权下，由于与公有产权相伴随的信息缺失、高交易费用等现象，使成本分离的程度远远大于私有产权，软预算约束也就更普遍、更严重了。因此要硬化预算约束，就必须推进产权私有化，让价格机制发挥作用。在公共部门则应推行分权制改革，增加公共资产使用的谈判成本，减少政府干预。③

2.1.2 财政分权理论

一般来说，Tiebout（1956）发表的《地方支出的一个纯理论》一文标志着传统财政分权理论的诞生。Tiebout 认为在居民可自由流动前提下，如果公共产品的供应是由各地方政府自己满足的，那么居民可以通过“用脚投票”这一类似市场的机制解决居民对公共产品的偏好显示问题。虽然 Tiebout 模型并未直接提出财政分权问题，但是它蕴含着：如果进一步向地方政府分权，并鼓励其竞

① Qian Y, Xu C. Innovation and Bureaucracy under Soft Budget Constraint [J]. Review of Economic Studies, 1998, 66 (1): 156-164.

② 林毅夫，李志赟．政策性负担、道德风险与预算软约束［J］．经济研究，2004（2）：17-27.

③ 谢作诗，李善杰．软预算约束的原因与性质：综述及评论［J］．产业经济评论，2012，11（1）：109-125.

争，可以有效地改善公共资源的分配效率。Musgrave（1959）在《财政学原理》中进一步指出：相对于地方政府而言，中央政府不但关注个人收入分配问题，而且也关注地区公共产品的均等化问题。在居民可以跨区域自由流动条件下，地方政府在公共产品均等化方面的作用是有限的，所以在收入分配问题和公共品均等化上应更加重视中央政府的作用，显然在这里Musgrave并没有考虑消费者偏好差异的问题。Oates（1972）在《财政联邦主义》一文中指出，如果社会中只有A和B两个小区，同一个小区的居民偏好相同，而不同小区的居民则存在偏好差异，那么由中央政府向小区A、B统一提供公共物品，会导致社会福利出现损失。而由于地方政府按照小区规模和偏好水平的不同，实施差别化供给，则可以实现公共物品的供给与人口规模的最优配置，社会福利水平达到最优。但是正如Stiglitz（1977）所指出的，传统的财政分权理论中可能存在着一个重要的非凸性。当社区数量小于个人数量的情况下，个人可能找不到与他有相同偏好的个人构成的社区；并且，如果一个社区包含不同偏好的个人，那么我们原本要解决的问题——公共品偏好显示问题——又会再次出现。[①] 但遗憾的是，这一观点在随后的财政分权理论文献中并未得到重视。

20世纪80年代以来，随着中国和苏联及东欧经济改革的持续推进，财政分权又一次引起了理论界的关注，产生了所谓第二代财政分权理论。由于各国在政治体制上的巨大差异，第二代财政分权理论将目光聚焦在政治结构对软预算约束以及由此所引发的经济效率改善和经济增长的影响，从激励机制角度赋予了财政分权理论不同的政策含义，而非传统财政分权理论所关注的偏好显示问题。财政分权被认为可以有效地缓解软预算约束现象，因此得到了广泛的关注。在第二代财政分权理论中，中央政府、地方政府和不同部门与企业的管理者之间存在着各种类型的委托-代理关系。由于信息不对称的存在，为了扩大公共产品的有效供给，实现社会福利的最大化就需要进行有效的激励机制设计。

Qian和Xu（1993）首次提出，由于中国改革前的经济在组织的意义上与苏

① Stiglitz J E. The Theory of Local Public Goods［A］//Feldstein M S, Inman R P. The Economics of Public Services［C］. Macmillan Publishing Company, 1977: 274 -333.

联不同，这个组织结构的不同对后来的改革方式和经济增长都有影响。[①] Qian 和 Roland（1998）建立了一个包括中央政府、地方政府以及企业的三层等级组织模型。他们认为，经济转型国家由于税收制度不完善，地区分权显然有助于强化地方政府财政硬约束。[②] Xu 等（2000）进一步提出向地方分权的改革方式，强化了地方政府的财政硬约束，鼓励地区之间相互竞争，促进经济增长。[③] 但很显然他们没有预料到土地财政的出现，以土地收入为主的预算外收入的不断增加，使通过地区分权来实现财政硬约束的想法并未实现。Dewatripont 和 Roland（2000）从信息不对称的情况下的承诺可靠性入手，将软预算约束视为特定信息结构下支持体与预算约束体的一种纳什均衡，对预算软约束成因给出了极具洞察力的解释。[④] 因此要硬化预算约束，就必须改变博弈双方原有的信息结构和激励相容条件，使之形成新的纳什均衡，即创造一种制度使事后不对企业进行补贴或再贷款的承诺变得可置信。这也就为中国式财政分权下“趋好的竞争”和“趋坏的竞争”同时共存提供了解释。陈抗等（2002）也指出随着中央政府与地方政府分权程度的变化，地方政府存在着由“援助之手”向“攫取之手”转变的可能。[⑤] Blanchard 和 Shleifer（2001）提出中国式财政分权之所以产生“趋好的竞争”，主要是中央政府在推行财政分权的同时，保持了政治权力的集中和对地方官员的奖罚能力。中央政府可以有“胡萝卜”和“大棒”两种方式来激励地方政府去推动而不是阻碍经济发展。[⑥]

但是周黎安（2007）从政治结构角度指出，这种行政集中和财政分权的激励模式与一个良好的市场经济所需的政府“多任务”职能之间存在着严重冲突，

---

① Qian Y, Xu C. Why China's Economic Reforms Differ: The M – Form Hierarchy and Entry/Expansion of the Non – State Sector［J］. Economics of Transition, 1993, 1（2）: 135 – 170.

② Qian Y Y, Roland G. Federalism and the Soft Budget Constraint［J］. American Economic Review, 1998, 88（5）: 1143 – 1162.

③ Xu C, Maskin E, Qian Y. Incentives, Information, and Organizational Form［J］. Review of Economic Studies, 2000, 67（2）: 359 – 378.

④ Dewatripont M, Roland G. Soft Budget Constraints, Transition, and Industrial Change［J］. Journal of Institutional and Theoretical Economics (JITE), 2000, 156（1）: 245 – 260.

⑤ 陈抗，Hillman A L，顾清扬．财政集权与地方政府行为变化——从援助之手到攫取之手［J］．经济学（季刊），2002（1）：111 – 130.

⑥ Blanchard O, Shleifer A. Federalism with and Without Political Centralization: China Versus Russia［J］. IMF Staff Papers, 2001, 48（1）: 171 – 179.

可能无法确保提供维护市场所需的合理激励。[①] 许成刚（2009）也指出，当地方政府在追求单一目标（经济增长）时，政府的承诺是可信的，因此“中国政治集权下的地方经济分权模式虽然缺乏产权保护和良好的法治，但在中国当时情况下能够调动各级官员的积极性，它是激励相容的制度”。但当政府处于“多任务”模式下，政府无法做出可置信的承诺，导致出现各种软预算约束现象。[②] 谢作诗和李善杰（2015）构建了一个包含项目筛选成本和替代选项的动态承诺不一致模型，将“父爱主义”、政策负担、产权成因等传统解释和财政分权等新兴解释纳入一个统一的分析框架，指出全部软预算约束其实都可以看作一个成本分离问题。硬化软预算约束的根本途径在于尽量将产权界定给个人，让价格机制充分发挥作用。[③]

林毅夫和刘志强（2000）通过对1970～1993年28个省级面板数据进行分析，证实中国的财政分权改善了经济效益，促进了经济增长。[④] 张晏和龚六堂（2005）所做的研究也证实分权改革所带来的地方财政激励促进了经济增长。[⑤] 同时，傅勇和张晏（2007）也指出，财政分权对地方基本建设支出的影响显著为正，而对科教文卫的支出显著为负。财政分权似乎诱导地方财政支出结构发生变化。[⑥] 另外，张晏和龚六堂（2005）在对分税制的研究中，通过改进对分权的度量方法，对财政分权与经济增长的关系进行了重新验证。结果显示财政分权与经济增长具有明显的跨时差异和跨地区差异。需要注意的是，在实践中地方政府也表现出了明显的预算软约束倾向，“市场分割、地方保护主义、重复建设、过度投资”等现象非常普遍。[⑦]

近年来，随着中国经济进入经济转型和产业升级的新发展阶段，地区竞争中

---

① 周黎安．中国地方官员的晋升锦标赛模式研究［J］．经济研究，2007（7）：36－50.

② 许成刚．政治集权下的地方经济分权与中国改革［J］．经济社会体制比较，2009（36）：7－22.

③ 谢作诗，李善杰．软预算约束的原因与性质：一个改进的一般化模型［J］．经济学（季刊），2015，14（3）：1193－1210.

④ 林毅夫，刘志强．中国的财政分权与经济增长［J］．北京大学学报（哲学社会科学版），2000，37（4）：5－17.

⑤⑦ 张晏，龚六堂．分税制改革、财政分权与中国经济增长［J］．经济学（季刊），2005，5（4）：75－108.

⑥ 傅勇，张晏．中国式分权与财政支出结构偏向：为增长而竞争的代价［J］．管理世界，2007（3）：4－12.

出现了一种新的“为创新而竞争”的格局。地方政府通过设立产业基金、财政补贴等方式积极鼓励企业技术创新，但是对制度在经济增长方式转型中的作用还没有得到足够深入的研究，还是从公共产品的角度探讨财政分权对科技创新投入的影响。顾元媛和沈坤荣（2012）认为，科技创新活动是一种具有生产能力的公共物品，虽然能够增加长期的经济产出、扩大政府的财政收入，但是无法带来明显的短期经济效益，因此财政分权会导致地方政府减少对科技创新的支持。[①] 谢乔昕和宋良荣（2015）对2008～2012年沪深股市上市公司的实证研究也支持这一观点。[②] 然而，周克清等（2011）则提出了不同的观点，认为科技创新作为一种具有经济性功能的公共物品，财政分权有助于地方政府科技创新投入水平的提高。[③] 卞元超和白俊红（2017）进一步提出财政分权促进了技术创新活动的开展及效率提升，地方政府之间“为创新而竞争”能够刺激地方政府加大科技研发投入，对技术创新活动产生了积极的促进作用。[④]

正如前面所述，中国式财政分权与国外的财政分权存在巨大差异，地方政府掌握着大量资源，除了税收以外还包括大量的非税收入（比如拍卖土地收入）。在预算软约束条件下，中国的地方政府除了提供公共品以外，还积极介入很多竞争性项目的决定。例如，地方政府有权决定与什么样的企业家合作，将多少数量的土地以什么价格授予某个项目，批准某个项目可以实施，提供各类财政补贴；等等。经济学理论已经证明，政府干预要素的资源配置会降低资源的使用效率。但中国经济改革的实践提示我们，地方政府似乎在一段时间内找到了一个在混合经济体制下有效配置土地资源的方式。那么这种政府干预市场经济的行为在效率上算是一种成功吗？很显然，要回答这一问题，仅仅依靠对于政治结构的分析是不够的，需要回到古老的偏好显示问题上，找出“这种成功”所需的特定信息

---

① 顾元媛，沈坤荣．地方政府行为与企业研发投入——基于中国省际面板数据的实证分析［J］．中国工业经济，2012（10）：77－88.

② 谢乔昕，宋良荣．中国式分权、经济影响力与研发投入［J］．科学学研究，2015，33（12）：1797－1804.

③ 周克清，刘海二，吴碧英．财政分权对地方科技投入的影响研究［J］．财贸经济，2011（10）：31－37.

④ 卞元超，白俊红．“为增长而竞争”与“为创新而竞争”——财政分权对技术创新影响的一种新解释［J］．财政研究，2017（10）：45－55.

结构和激励相容条件。

2.1.3 信息不对称理论

传统市场经济理论认为，市场的参与者可以无成本地获得关于市场的全部信息，并在确定情况下做出最优决策。但现实当中信息不对称是广泛存在的，并且对市场价格机制的有效运行产生重要影响。一般来说，根据信息不对称的发生时间，可以分为事先信息不对称（即逆向选择问题）和事后信息不对称（即道德风险问题）。

2.1.3.1 逆向选择

Akerlof（1970）最早对逆向选择问题进行研究。他通过对二手车市场“坏车驱逐好车”现象的分析，指出由于买卖双方对汽车的质量存在信息不对称，买方无法了解每一辆车的质量，所以只愿意支付与二手车平均质量相当的价格，那些质量较高的卖主因无利可图退出市场。最终导致二手车市场崩溃。[①] Akerlof 对逆向选择导致的市场失灵研究，开创了逆向选择研究的先河。

Spence（1973）通过对劳动力市场逆向选择问题的分析，指出只要不同劳动者在获取教育文凭时所付出的成本不同，那么高质量的劳动者就有可能通过获取高级别的教育文凭来解决雇佣者与劳动者之间的信息不对称问题。[②] Spence 的研究显示，在信息不对称时，信息优势的一方可以通过主动发送信号的方式，解决市场失灵问题。以此为基础，Spence 提出了斯宾塞－莫里斯条件，即发送信号是市场行为主体降低逆向选择的重要方式；只有当真假信号的发送成本差异足够大时，真实信号才会发生作用；只有当信号的发送收益大于成本时，市场主体才有意愿发送信号。

Rothschild 和 Stiglitz（1976）则在他们的经典论文中从另一个角度对这一市场失灵问题进行了分析。通过对保险市场存在的逆向选择问题的分析，他们指出，当存在逆向选择时，竞争性保险市场要么消失，要么只会出现分离均衡，即

① Akerlof G. The Market for “Lemons”: Quality Uncertainty and the Market Mechanism [J]. Quarterly Journal of Economics, 1970, 84 (3): 488 - 500.

② Spence M. Job Market Signaling [J]. Quarterly Journal of Economics, 1973, 87 (3): 355 - 374.

高风险的投保者获得高价的全额保险，低风险的投保者则获得低价的不足额保险。① Stiglitz（1977）进一步将这一分析扩张到垄断性的保险市场上，认为垄断的保险商可以通过产品差异化的方式实现利润最大化，此时政府监管下垄断保险市场要优于竞争性保险市场。② 上述研究显示，在信息不对称条件下，信息劣势的一方可以通过信息甄别的方式，给信息优势的一方提供有效的激励机制，诱使他们显示真实的信息。

Cooper 和 Hayes（1987）则将 Rothschild 和 Stiglitz（1976）的模型从单期扩展为多期模型。他们认为在重复购买条件下，风险分类机制和经验费率制将使保险公司和投保人双方的福利实现帕累托改善。在竞争性市场条件下，低风险投保者会选择多期契约，并在多期契约初期支付一个较高的价格，但随着保险重复购买带来的信息不对称降低，保险人会在多期契约后期为投保人提供优惠。而高风险投保者会选择单期契约。③

Nilssen（2000）同样将 Rothschild 和 Stiglitz（1976）的模型从单期扩展到多期模型，但是与 Cooper 和 Hayes（1987）不同，他主要关注的是垄断市场条件下，保险公司和投保人双方的福利水平变化。与 Rothschild 和 Stiglitz（1976）认为不可能存在混同均衡不同，Nilssen（2000）认为在垄断条件下，保险人与投保人在多期契约初期是可能出现混同均衡的，而在重复购买模式下，随着保险人对投保人风险偏好的了解，在多期契约的后期，将会出现投保人的差别定价，也就是说保险公司在多期契约的初期可能会出现亏损，但在后期将会扭亏为盈。④

2.1.3.2 道德风险

最初是由 Arrow（1963）将道德风险的概念引入经济学中的。在对医疗服务市场的研究中，Arrow 发现由于医生相对于患者具有信息优势，所以医生可能利

① Rothschild M, Stiglitz J. Equilibrium in Competitive Insurance Markets: An Essay on the Economics of Imperfect Information [R]. Foundations of Insurance Economics, 1976.

② Stiglitz J E. Monopoly, Non – Linear Pricing and Imperfect Information: The Insurance Market [J]. Review of Economic Studies, 1977, 44 (3): 407 – 430.

③ Cooper R, Hayes B. Multi – period Insurance Contracts [J]. International Journal of Industrial Organization, 1987, 5 (2): 211 – 231.

④ Nilssen T. Consumer Lock – in with Asymmetric Information [J]. International Journal of Industrial Organization, 2000, 18 (4): 641 – 666.

用这种信息优势获取更多收益。[①] 而 Pauly（1968）则指出，当存在医疗保险时，患者也具有机会主义和道德风险的动机，倾向于更多使用医疗服务，降低社会的总体福利。为了防止这种现象，应该让患者自行负担一部分医疗费用。[②]

道德风险问题与委托代理问题是密不可分的。Hurwicz（1972）则指出不存在一个有效的分散化的经济机制能够导致帕累托最优配置，并使人们有动力去显示自己的真实信息。也就是说，真实显示偏好和资源的帕累托最优配置是不可能同时达到的。要实现资源配置的帕累托改善，就必须存在某一机制使真实显示偏好策略成为占优的均衡策略，同时使每一个参与主体的福利水平不降低，即该机制是“激励相容”的。[③]

Mirrlees（1974，1976）和 Hölmstrom（1979）指出，由于在信息不对称条件下委托人只能观察到代理人活动的结果而无法观察到活动本身，所以对代理人的激励只能是以结果为基础。为了实现激励相容，必须让代理人承担部分风险，并提出了实现最优风险分担的莫里斯－霍姆斯特姆条件。[④⑤⑥] Maskin（1999）则在 Hurwitz 研究的基础上进一步提出，如果有一种机制满足单调性和无否决权条件，那么这种机制就是纳什完美可实施的。Maskin 证明通过有效的激励机制设计，可以实现与市场机制一样的配置效率，因此当市场失灵时，可以通过有效的机制设计加以弥补。[⑦]

Radner（1981）与 Rubinstein 和 Yaari（1983）则将委托代理模型从单期推广到多期模型，他们证明，如果存在长期契约，那么委托人可以相对准确地观察

---

① Arrow K J. Uncertainty and the Welfare Economics of Medical Care［J］. Journal of Health Politics Policy & Law, 1963, 53（5）: 941－973.

② Pauly M V. The Economics of Moral Hazard: Comment［J］. American Economic Review, 1968, 58（3）: 531－537.

③ Hurwicz L. On Informationally Decentralized Systems［R］. Decision and Organization: A Volume in Honor of Jacob Marschak, 1972.

④ Mirrlees J A. Optimum Accumulation Under Uncertainty: The Case of Stationary Returns to Investment［M］. Allocation under Uncertainty: Equilibrium and Optimality, 1974.

⑤ Mirrlees J A. The Optimal Structure of Incentives and Authority Within an Organization［J］. Bell Journal of Economics, 1976, 7（1）: 105－131.

⑥ Hölmstrom B. Moral Hazard and Observability［J］. Bell Journal of Economics, 1979, 10（1）: 74－91.

⑦ Maskin E. Nash Equilibrium and Welfare Optimality［J］. Review of Economic Studies, 1999, 66（1）: 23－38.

到代理人的努力水平，从而实现最优风险分担。[1][2] Rogerson（1985）的相关研究也证实，长期契约更有助于激励问题的解决。[3]

Laffont 和 Tirole（1986）构造了一个包括逆向选择和道德风险在内的统一分析框架。他们指出，在信息不对称条件下，最优的规制方案必须在最优激励机制和最少的信息租金之间实现平衡。为了减少信息租金的负担，最优的规制方案不应引导企业选择最优的成本削减水平。[4] Laffont 和 Tirole（1987）进一步提出，通过引入竞争，可以有效降低信息租金，提升规制效率。[5] Laffont 和 Martimort（2003）则构建了一个信息租金模型，指出随着委托人和代理人风险偏好的变化，原有的信息租金与配置效率的均衡会产生变化，最后导致相关的契约关系发生改变。[6]

2.1.4 土地报酬递减理论

土地报酬递减规律是指在土地面积一定的条件下，随着劳动、资本等要素投入量的增加，土地收益迟早会出现下降的规律，它是衡量与评价土地利用效率的主要依据。早在 17 世纪中叶，威廉·配第就发现在土地面积一定的情况下，土地的产出会随着投入在土地上劳动的增加而先增加后下降。1815 年，威斯特将这种现象正式命名为“土地报酬递减规律”。[7] 此后，马歇尔、克拉克和布林克曼等在此基础上又对这一规律做了进一步的分析、拓展和说明。他们认为，在一般情况下土地的报酬会随着单位土地面积上投入的劳动和资本要素的增加，先是趋于递增而后再趋于递减。根据总产出、平均产出和边际产出的关系，可以将土

---

① Radner R. Monitoring Cooperative Agreements in a Repeated Principal – Agent Relationship［J］. Econometrica, 1981, 49（5）: 1127 – 1148.

② Rubinstein A, Yaari M E. Repeated Insurance Contracts and Moral Hazard［J］. Journal of Economic Theory, 1983, 30（1）: 74 – 97.

③ Rogerson W P. Repeated Moral Hazard［J］. Econometrica, 1985, 53（1）: 69 – 76.

④ Laffont J J, Tirole J. Using Cost Observation to Regulate Firms［J］. Journal of Political Economy, 1986, 94（3）: 614 – 641.

⑤ Laffont J J, Tirole J. Auctioning Incentive Contracts［J］. Journal of Political Economy, 1987, 95（5）: 921 – 937.

⑥ Laffont J J, Martimort D. The Theory of Incentives: The Principal – Agent Model［J］. Journal of Economics, 2003, 80（3）: 284 – 287.

⑦［英］爱德华·威斯特. 论资本用于土地［M］. 李宗正译. 北京：商务印书馆，2015.

地报酬的变化分为三个阶段。第一阶段，边际产出保持先递增后递减，但大于平均产出。由于边际产出大于平均产出，所以土地的总产出和平均产出都保持递增。当边际产出与平均产出相等时，平均产出达到最大。在这一阶段，劳动、资本等要素投入的增加会使土地的生产效率得到提高。第二阶段，随着边际产出的不断下滑，平均产出也开始下滑。但由于边际产出大于零，所以总产出仍保持增长，当边际产出为零时，总产出达到最大。在这一阶段，劳动、资本等要素投入能否持续增加，取决于这些要素机会成本的变化。第三阶段，边际产出开始出现负增长，平均产出和总产出都出现下降，此时已不适合再进一步增加劳动、资本等要素投入。正如马歇尔所指出的，土地报酬递减规律实际上建立在边际产出递减规律基础之上，是边际产出递减规律在土地报酬领域的应用。[①]

土地报酬递减理论揭示出在技术条件一定的情况下，在固定数量的土地上持续追加劳动与资本投入，最终会导致土地产出呈现递减趋势，这对于土地的集约利用具有重要的指导意义。但马歇尔传统在解释边际产出变化规律时，忽视了可能存在的土地边际报酬递增现象，而试图用规模经济来解释边际产出变化，受到越来越多的批评。杨格（Young，1928）明确指出，“规模经济的概念忽略了分工经济现象，从而是对古典的专业化分工和分工经济的一个错误描述”、“如果只观察一个个别企业或一个特定行业规模变化的效果，则递增报酬的实现机制就不能被充分理解，因为累进的分工和专业化是递增报酬实现过程中至关重要的一部分”。[②] 正是在此基础上，科斯（Coase，1937）批评新古典企业理论无法解释企业为什么以及如何从分工中出现。[③] 张五常则沿着科斯的道路，通过对企业合约结构与交易成本的研究，从另一个角度论证了边际报酬递增与企业规模无关。[④] 廖伯伟和杨小凯于2000年发表了“厂商规模无关论”，对规模经济理论发起挑战。

亚当·斯密、杨格、科斯、张五常、杨小凯等与马歇尔传统之间争论的焦点

① ［英］阿尔弗雷德·马歇尔．经济学原理［M］．廉运杰译．北京：华夏出版社，2005.

② Young A A. Increasing Retures and Economic Progress［J］. The Economic Journal, 1928, 38（152）: 527－542.

③ Coase R H. The Nature of the Firm［J］. Economica, 1937, 4（16）: 386－405.

④ 张五常．经济解释（2014增订本）［M］．北京：中信出版社，2015.

在于对边际产出变化原因的不同解释：到底是在边际收益曲线不变条件下，由于规模经济导致的边际收益递增？还是由于分工水平、生产技术、交易成本（风险）等外部因素变化，使边际收益曲线移动导致的边际收益递增？边际收益递增虽然可以在一定程度上缓解土地边际报酬递减的现象，但它并没有从根本上改变土地报酬递减规律。

为了弥补马歇尔传统下边际收益曲线无法移动的缺陷，Romer 和 Lucas 等提出了内生增长理论。与马歇尔传统不同，他们承认边际收益递增是技术进步的结果。Romer（1986）从知识的外溢性入手，将知识作为一种中间品，认为知识作为一种公共品，具有明显的正外部性，从而导致规模报酬递增的出现。[①] 而 Lucas（1989）则从人力资本角度，提出可以通过“干中学”的机制来实现知识的累积。[②] 但是正如 Jones、Segerstrom 等指出的那样，上述模型所隐含的规模效应假设，并没有获得实证研究的支持。而杨小凯则指出，在 Romer 模型中并没有考虑到交易成本对迂回生产的影响。他认为，随着迂回生产链条的延伸，生产的专业化水平（技术变化）会获得提升，导致生产效率提高，实现边际收益递增；但另外，随着专业化水平的提升，相互协作的难度会增加，交易成本会快速上升，进而限制了边际收益递增的持续。因此，规模经济并不是导致边际收益递增出现的原因。[③]

内生增长理论的出现，使对土地报酬递减理论的理解极大地前进了一步。尽管在对内生增长的解释方面存在差异，但是在技术进步对经济增长的作用，生产要素结构、技术创新、交易成本对资源利用效率的影响方面，还是存在着一定的共识。

总之，土地报酬递减是在一定的技术条件与制度环境下，由生产要素结构变动而引起的。在土地集约利用过程中，应注意从要素结构、生产技术创新、交易成本等角度推动扩大土地报酬递增的空间，理解和掌握好土地报酬递减规律，对

① Romer P M. Increasing Returns and Long - Run Growth [J]. Journal of Political Economy, 1986, 94 (5): 1002 - 1037.

② Lucas R E. On the Mechanics of Economic Development [J]. Journal of Monetary Economics, 1989, 22 (1): 3 - 42.

③ 杨小凯．经济学：新兴古典与新古典框架［M］．北京：社会科学文献出版社，2003.

土地集约利用效率的提升具有重要作用。

2.2 文献综述

2.2.1 国外相关研究综述

国外对于土地集约利用问题的研究可谓由来已久。最初，相关研究主要是从资源配置角度出发，研究主要针对的也是农业用地的集约利用效率问题。其后，随着相关研究内容和领域的不断扩大，研究的视角也开始从资源配置逐渐偏向于公共政策。近年来，随着对土地集约利用研究领域的扩大和评价指标的多元化，许多学者开始从经济、地理和政治等不同视角对土地集约利用的内涵、效率的影响、形成机制以及挑战等方面进行研究。本书将以此为基础，对国外有关土地集约利用的研究进行梳理，从以下几个方面进行概括。

2.2.1.1　土地集约利用的概念与内涵

土地集约利用的概念，最初是古典经济学家杜尔格（Anne Robert Jacques Turgot）、安特生（James Anderson）和韦斯特（Edward West）等针对 19 世纪农业土地集约利用过程中的资源配置问题所提出的。他们认为：将劳动力和生产资料集中投入数量一定的土地面积上的一种资源配置方式就是土地集约利用。威廉·配第（William Petty）从劳动价值论和土地边际报酬递减规律出发，认为在技术水平不变的条件下，随着单位面积土地上追加投入的劳动和其他生产资料增加，土地的经济效益或产出会呈现出一种递减的状态，并以此为基础，提出了古典地租理论。李嘉图（David Ricardo）则在古典地租理论的基础上，进一步对级差地租进行了考察，认为土地的集约利用就是级差地租产生的原因。针对古典经济学的地租理论，马克思（Karl Marx）提出了严厉的批评，认为他们混淆了绝对地租和级差地租的区别。马克思认为，“所谓耕作集约化，其实就是资本在同一土地上的集中，而非分散在若干相互毗邻的土地上”。因此，集约用地的本质就是以提高单位面积土地收益为目的，将一定数量的生产资料和劳动集中投入在少量土地上的一种经营方式。

此后，随着工业化与城市化的快速发展和产业结构的深刻调整，农业在经济中的地位逐渐下降，土地集约利用的概念被逐步扩展到城市土地利用的研究当中，进而提出了古典区位理论。约翰·杜能（Johann Heinrichvon Thunen）最早开始深入研究土地集约利用与城市空间布局的关系。在对城市土地的利用方式及其空间分布情况分析调查的基础上，杜能全面阐述了地租和土地位置之间的关系，提出了同心圆布局理论，把土地集约利用程度与区位理论联系到了一起。其实，杜能的同心圆理论可以看作传统的级差地租理论在城市土地集约利用领域的一种应用或变形。此后，瓦尔特·克里斯塔勒（Walter Christaller）、奥古斯特·廖什（August Losch）等沿着杜能开辟的道路，分别提出了中心地理论和市场区位理论等理论。虽然他们主要针对的是土地成本最小化的问题，但对于如何促进土地集约利用也产生了一定的影响。[①] 需要指出的是，上述研究在本质上并没有摆脱传统级差地租理论的影响，其采用古典经济学的静态局部均衡分析方法，以完全竞争市场结构下的价格理论为基础来研究城市土地的最优配置决策。

阿尔弗雷德·韦伯（Alfred Weber）最早将区位因素同规模经济联系起来，摆脱了古典经济学静态局部均衡分析框架的桎梏。他认为规模经济可以有效地降低成本，尤其是降低运输成本，从而对工业用地的选择构成重大影响。在此基础上，韦伯提出了“工业区位论”，为促进城市土地集约利用和产业布局的优化奠定了微观的理论基础。阿尔弗雷德·马歇尔（Alfred Marshall）从边际报酬递减规律出发，认为土地集约利用问题本质上就是土地资源的合理配置，从而将土地的集约利用问题正式纳入资源配置范畴。威廉·阿朗索（William Alonso）构建了一个城市土地集约利用与土地价格一致性的土地竞租模型，指出当土地市场供求均衡时，在一定的距离内，应该由竞租曲线斜率最大者获得市中心的土地，从而形成围绕 CBD 的环形土地利用模式，为城市土地的集约利用提供了一种静态的理论解释[②]，这实际上是约翰·杜能“同心圆”理论的一个翻版。理查德·T. 伊利和爱德华·W. 莫尔豪斯对上述相关研究进行了归纳和总结，指出土地价格、

① 毕宝德. 土地经济学（修订本）［M］. 北京：中国人民大学出版社，1993.

② ［美］威廉·阿朗索. 区位和土地利用：地租的一般理论［M］. 梁进社等译. 北京：商务印书馆，2010.

规模经济、人口规模等因素都是影响土地集约利用的关键。①

2.2.1.2　土地集约利用制度形成机制研究

面对工业化与城市化进程不断深化所带来的土地供求矛盾，世界各国都开始重视土地的集约利用问题。在有关土地集约利用制度的研究中，新制度主义者起着非常重要的作用，他们强调制度对于包括土地在内的资源配置效率的影响。科斯、诺斯等在研究土地配置效率时，强调明晰的产权界定，可以实现土地的优化配置，增加社会总福利。巴泽尔则从“产权束”的角度出发，认为没有充足的证据证明土地的私有制会比政府所有制更有效率。②

Rider（1980）从机制设计角度出发，指出在制定土地利用计划和政策时，除了关注政策的预期结果以外，还应该关注政策制定者所面对的局限性和客观性。他认为政策制定者必须要注意政策制定过程中的利益多元化和分散性，认为分权制可以有效地解决政策制定者所面临的信息约束问题，从而更有利于土地集约利用效率的提高。③ Bertaud 等（1988）认为要提升土地的集约利用效率，应特别注意土地利用政策对机会成本的影响，不要过度限制土地的用途，要在制度设计层面增加提高土地资源利用效率的机会。④ Kaiser 和 Godschalk（1995）通过对 20 世纪土地利用规划结果的分析，认为土地利用规划已经从原有的提升公共服务效率逐渐转变为不同利益相关方的利益均衡问题。随着土地利用目标的多元化，土地利用规划制定过程中的委托代理问题变得更为错综复杂。⑤ 赫尔曼·德沃尔夫（2011）通过对荷兰土地利用政策的分析，也认为应该重视政府干预土地市场时的目标多元化现象。在预算硬约束的财税体制下，政府制定土地利用政策

① ［美］理查德·T. 伊利，爱德华·W. 莫尔豪斯．土地经济学［M］．腾维藻译．北京：商务印书馆，1982.

② ［美］约拉姆·巴泽尔．产权的经济分析［M］．费方域，段毅才译．上海：上海人民出版社，1997.

③ Rider R. Decentralizing Land Use Decisions［J］. Public Adwinistration Review，1980，40（6）：594－602.

④ Bertaud A，Bertaud M－A，Wright J O Jr. Efficiency in Land Use and Infrastructure Design：An Application of the Bertaud Model［R］. The World Bank Policy Planning and Research Staff，1988.

⑤ Kaiser E J，Godschalk D R. Twentieth Century Land Use Planning［J］. Journal of the American Planning Association，1995，61（3）：365－385.

时，会非常注重土地利用经济效率和价值。① Saghapour（2013）通过研究土地利用多样性对居民交通模式的影响，认为在地区水平上，适当的土地利用规划政策有利于土地的集约性和多样化利用，可以有效地减少居民出行的成本。②

Swam（2002）从市场运行效率角度出发，认为非正规土地市场的存在会干扰正规土地市场运行效率的发挥，因此必须从金融、法规等方面加强土地市场制度建设，规范非正规土地市场的运行机制。③ 庄悦群（2005）则提出运用税收杠杆对土地的集约利用行为和效率进行调节，研究结果表明在税收杠杆的激励下，土地集约利用的行为逐渐增加。④ Feiock 等（2008）运用政治市场框架对佛罗伦萨土地利用政策形成过程中的委托代理问题进行了分析，研究发现在分权制的框架下，县级政府的组织结构、社区利益的多元化和选举规则在城市土地集约利用、激励分区和转移发展权项目中起着重要的作用。⑤ Suzuki（2013）在对美国得克萨斯州住宿行业的研究中，提出在制定土地集约利用政策时，除了分析可能带来的制度收益外，也要注意所付出的制度成本，应该从一个整体的视角对土地集约利用政策进行研究，综合考虑土地集约利用政策的效果。⑥ Vandermeer 和 Halleux（2017）对德国、法国、比利时、荷兰等七个国家工业用地政策进行分析，研究结果显示不同国家的工业用地利用效率差异巨大，工业用地政策对经济发展具有明显影响，因此各国应该以工业用地的经济效率为依据进行相应的政策调整。⑦

Park 和 Leigh（2017）对美国乔治亚州亚特兰大市外商直接投资（FDI）创造的制造业就业的都市内部空间格局进行了研究。面板回归分析表明，随着时间

---

① ［荷］赫尔曼·德沃尔夫．荷兰土地政策解析［J］．贺憬寰译．国际城市规划，2011，2（3）：9－14.

② Saghapour T. Achievement of Sustainable Transportation Through Land – Use Mix at Local Level：Case Studies of Two Urban Districts in Shiraz City，Iran［J］. Journal of Sustainable Development，2013，6（11）：71－82.

③ Swam A. Constraints Affecting the Efficiency of the Urban Residential Land Market in Developing Countries：A Case Study of India［J］. Habitat International，2002，26（4）：523－537.

④ 庄悦群．美国城市增长管理实践及其对广州城市建设的启示探求［J］.2005，155（92）：62－67.

⑤ Feiock R C，Tavares A F，Lhell M. Policy Instrument Choices for Growth Management and Land Use Regulation［J］. Policy Studies Journal，2008，36（3）：461－480.

⑥ Suzuki J. Land Use Regulation as a Barrier to Enter Evidence from the TEXAS Lodging Industry［J］. International Economic Review，2013，54（2）：495－523.

⑦ Vandermeer M C，Halleux J M. Evaluation of the Spatial and Economic Effectiveness of Industrial Land Policies in Northwest Europe［J］. European Planning Studies，2017，25（8）：1－22.

的推移，中心城区城市工业用地的损失与 FDI 制造业就业的郊区化有关。[①] Sebastian 和 Artem（2018）以德国巴伐利亚州为例，采用横截面工具变量估计法对工商业用地数量与企业税收的关系进行分析。结果显示工商业用地面积的增加具有显著的积极税收效应，而这种效应受人口密度的影响很大，据此对可交易规则许可证计划进行了反思。[②]

2.2.1.3 土地集约利用效率影响因素研究

由于土地所有制的差异，与国内相比，国外的土地资源配置主要是通过市场化方式来完成的。雷利·巴洛维（Raleigh Barlowe）（1989）从投入产出关系的角度出发，认为不同区域之间土地集约利用效率的差异主要是由于土地利用方式和利用能力不同，从而导致不同地区投入产出关系出现区域性差异性。据此，雷利·巴洛维指出土地价格、资源禀赋、土地利用的限制和所有者偏好等因素都会对土地的集约利用效率构成影响。[③] Ambrose（1990）、Kowalski 和 Paraskevopoulos（1990）分别通过实证研究，证明了空间因素和时间因素对工业用地价格具有显著影响。[④⑤] Del Saz – Salazar 和 García – Menéndez（2005）则进一步提出，地理位置、自然环境、基础设施条件、与省会城市的距离等因素都会对工业用地的价值构成重要影响，很明显与公有土地相比，对私人土地供给的影响会更为显著。[⑥]

Heilig（1997）通过对中国土地利用效率的分析和研究，指出中国的城市化进程和大规模的基础设施建设是影响中国土地利用效率的主导因素。人口增长、城市化、工业化、生活方式的改变以及中国的制度变革是影响中国土地利用效率

---

① Park J – I，Leigh N G. Urban Industrial Land Loss and Foreign Direct Investment – Related Manufacturing Job Sprawl：An Atlanta，Georgia MSA Case Study［J］. Journal of Urban Technology，2017，24（4）：362 – 384.

② Sebastian L，Artem K. The Effect of Industrial and Commercial Land Consumption on Municipal Tax Revenue：Evidence from Bavaria［J］. Land Use Policy，2018（77）：279 – 287.

③［美］雷利·巴洛维. 土地资源经济学：不动产经济学［M］. 谷树忠等译. 北京：北京农业大学出版社，1989.

④ Ambrose B. An Analysis of the Factors Affecting Light Industrial Property Valuation［J］. Journal of Real Estate Research，1990，5（3）：355 – 370.

⑤ Kowalski J G，Paraskevopoulos C C. The Impact of Location on Urban Land Prices［J］. Journal of Urban Economics，1990，（27）：16 – 24.

⑥ Del Saz – Salazar S，García – Menéndez L. Public Provision Versus Private Provision of Industrial Land：A Hedonic Approach［J］. Land Use Policy，2005（22）：215 – 223.

的五个主要因素。① Bertaud（2007）则从城市工业用地占比差异角度对工业土地集约利用的效率进行分析。他认为由于发展模式的差异，在中国工业用地被看作优先发展部分因而获得大量补贴。而在市场经济国家，工业企业需要与农业、房地产业、服务业等非工业企业竞争来获得土地，因此工业企业一般位于城市周边或小城镇等土地较便宜地区。这是导致市场经济国家和转轨国家工业土地集约利用效率差异的主要原因。②

Evans（2004）认为影响土地集约利用效率的关键是耕地保护和城市发展之间的结构性矛盾。③ Cainelli（2008）通过对意大利工业园区的分析，认为受到知识外溢、技术流动等产业集聚效应的影响，工业园区内的土地集约利用效率要普遍高于园区外的土地集约利用效率。④ Lin 和 Ben（2009）的研究也证明，产业集聚有利于工业土地价格的上升，而政府干预则不利于工业用地价格，因此推动建立产业集群可以有效地提高工业用地效率。⑤ Choy 等（2013）分析了产权差异对工业用地利用效率的影响，认为土地的产权性质与工业用地的集约利用效率之间存在显著性关系。产权属性越清晰、流动性越强，则企业会拥有更多的融资渠道和较低的融资成本。⑥ Arabsheibani 等（2016）运用混合多准则决策（MCDM）理论和地理资讯系统（GIS）流程，对工业园区区位的适宜度进行评价，结果表明可达性和经济指标对工业园区选址至关重要。而且，该方法也可用于现有工业园区的效率评价。⑦ Eda 等（2018）通过对 1990～2000 年法国工商业用地需求潜

① Heilig G K. Anthropogenic Factors in Land – Use Change in China ［J］. Population and Development Review, 1997, 23（1）: 139 – 168.

② Bertaud A. China: Urbanization in China: Land Use Efficiency Issues ［Z］. https://alainbertaud.com/AB_Files/AB_ China_land_ use_ report_6. pdf,2007 – 08 – 30.

③ Evans A. Economics and Land Use Planning ［M］. Oxford: Blackwell Publishing, 2004.

④ Cainelli G. Spatial Agglomeration, Technological Innovations, and Firm Productivity: Evidence from Italian Industry Districts ［J］. Growth and Change, 2008, 39（3）: 414 – 435.

⑤ Lin S W, Ben T M. Impact of Government and Industrial Agglomeration on Industrial Land Prices: A Chinese Taiwan Case Study ［J］. Habitat International, 2009, 33（4）: 412 – 418.

⑥ Choy L H T, Lai Y, Lok W. Economic Performance of Industrial Development on Collective Land in the Urbanization Process in China: Empirical Evidence from Shenzhen ［J］. Habitat International, 2013（40）: 184 – 193.

⑦ Arabsheibani R, Sadat Y K, Abedini A. Land Suitability Assessment for Locating Industrial Parks: A Hybrid Multi Criteria Decision – Making Approach Using Geographical Information System ［J］. Geographical Research, 2016, 54（4）: 446 – 460.

在驱动因素的分析，认为地理位置、矿产资源和基础设施的区域特征以及社会经济因素对工商业土地开发至关重要。①

2.2.2　国内相关研究综述

国内有关土地节约集约利用的研究始于 20 世纪 90 年代，初期主要包括土地集约利用的必要性与意义、土地集约利用中存在的问题等内容。近些年相关研究内容逐渐深入，主要围绕土地集约利用的影响因素、利用模式、政策演进、集约利用效率评价以及评价方法和指标体系等方面开展。本节将从如下几方面对相关文献进行梳理。

2.2.2.1　土地集约利用影响因素的研究

土地的集约利用会受到包括自然因素、经济因素、政策因素、技术因素、管理因素等多方面的影响。韦东等（2007）以我国的 30 个特大城市为例，认为经济发展水平、城建规模等是影响城市土地集约利用的主要因素。② 郭爱请和葛京凤（2006）在研究河北省土地集约利用问题时，也指出资源禀赋、区位优势和经济发展水平是影响城市土地集约利用潜力的主要因素。③ 王晓艳等（2008）以成都市为实例对土地集约利用效率进行了定量分析，进而确定影响的具体因素。④ 伊茹和马占新（2009）、刘东伟等（2011）采用 DEA 模型对内蒙古、四川等西部省份的土地集约利用效率进行分析，认为要提高土地的利用效率需要更加重视土地的投入与产出关系。⑤⑥ 龙拥军等（2011）采用主成分分析法运用包括人口、

---

① Ustaoglu E，Silva F B E，Lavalle C. Environment，Quantifying and Modelling Industrial and Commercial Land – use Demand in France［J］. Development and Sustainability，2018（6）：1 – 31.

② 韦东，陈常优，屠高平．影响城市土地集约利用的因素研究——以我国 30 个特大城市为例［J］．国土资源科技管理，2007（2）：12 – 16.

③ 郭爱请，葛京凤．河北省城市土地集约利用潜力评价方法探讨［J］. 2006，28（4）：65 – 70.

④ 王晓艳，邓良基，郑华伟，邓云思．成都市土地集约利用水平及影响因素［J］．国土资源科技管理，2008，25（3）：69 – 73.

⑤ 伊茹，马占新．内蒙古城市土地利用经济效率评价的实证研究［J］．统计与决策，2009（1）：99 – 101.

⑥ 刘东伟，张文秀，郑华伟．四川省城市土地利用经济效率分析［J］．资源与产业，2011，13（1）：173 – 178.

经济、土地等在内的30个指标对重庆市40个区县的土地集约利用效率进行分析。① 吴得文等（2011）也采用DEA方法对全国城市土地的利用效率进行了分析，认为空间布局和规模经济等因素对土地的利用效率具有重要影响。②

庄红卫和李红（2011）通过对湖南开发区工业用地利用效率的研究，认为缺乏产业集聚效应、产业集中度不高，是湖南开发区工业用地集约利用效率低下且存在明显区域差异的主要原因。③ 王克强等（2013）通过研究土地出让方式对产出的影响，认为在市场化的土地出让方式下，土地的产出弹性较高，有利于提高土地的利用效率。④ 张倩和王海卉（2013）则从公共选择角度出发，指出通过提供差别化的公共物品可以有效地解决地方政府土地利用效率不高的问题。⑤ 张琳等（2016）采用STIRPAT模型分析产出结构与工业用地集约利用效率的关系。研究结果显示产业结构从构成效应与竞争效应两个方面对工业用地的集约利用效率产生影响，而且具有明显的区域差异。⑥ 何好俊和彭冲（2017）的研究也表明城市土地利用效率的改进与产业结构变迁具有一定的空间耦合性。产业结构合理化与土地利用效率之间表现为彼此促进的互动双赢效应。⑦ 潘润秋等（2018）利用DEA模型对1997～2014年我国30个省（市、区）的土地生态效率进行评价。研究结果显示我国土地的生态利用效率总体偏低，技术变动和纯技术效率变动是生产效率指数上升的主要因素，而规模效率则成为抑制生产效率指数上升的主要

① 龙拥军，杨庆媛，陈琳琳，洪辉．省域土地利用效率空间差异分析——以重庆市为例［J］．改革与战略，2011，27（8）：114－116.

② 吴得文，毛汉英，张小雷，黄金川．中国城市土地利用效率评价［J］．地理学报，2011，66（8）：1111－1121.

③ 庄红卫，李红．湖南省不同区域开发区工业用地利用效率评价研究［J］．经济地理，2011，31（12）：2100－2104.

④ 王克强，熊振兴，高魏．工业用地使用权交易方式与开发区企业土地要素产出弹性研究［J］．中国土地科学，2013，27（8）：4－9.

⑤ 张倩，王海卉．工业用地扩张和低效利用机理剖析——以南京市为例［A］//中国城市规划学会．2013中国城市规划年会论文集［C］．2013.

⑥ 张琳，郭雨娜，刘冰洁．产业结构对工业用地集约利用的影响研究［J］．产业经济评论，2016（2）：72－81.

⑦ 何好俊，彭冲．城市产业结构与土地利用效率的时空演变及交互影响［J］．地理研究，2017（7）：1271－1282.

因素。①

2.2.2.2 土地集约利用政策研究

随着我国城镇化和工业化进程的不断加快，我国经济社会发展与土地供给不足之间的矛盾也越来越突出。对土地集约利用政策的研究可以为化解这一矛盾提供有益的决策依据及建议。

石晓平和曲福田（2001）曾指出，梯度发展战略并不必然带来土地配置效率的改善和提高，但西部大开发等区域平衡发展战略，则会促进土地配置效率的改善。② 叶京力等（2004）在对我国城市化水平及土地利用现状分析的基础上，提出了要充分利用市场杠杆配置土地资源，提高土地交易的市场化水平，促进土地利用效率提升。③ 吴郁玲（2007）也认为通过“促进土地市场发育”“规范地方政府行为”“建立并完善土地宏观调控体系”“推进相关配套制度的创新改革”“优化土地集约利用市场环境”等措施，有利于土地集约利用效率的提升。④ 班茂盛等（2007）也认为通过“加强政府对开发区土地的管控”“注重指标控制的导向功能建设”“以税费政策促进开发区增长方式快速转变”等方式，可以促进开发区的土地集约利用。⑤ 解静香等（2009）也提出了类似的建议。⑥

尹奇等（2007）则认为在我国土地市场机制还不健全的情况下，应注重政府与市场的结合，相比单纯的市场调节机制，利用土地规划等行政手段进行土地资源配置更具效率。⑦ 韩九云和陈方正（2009）也指出鉴于我国土地市场结果的不

---

① 潘润秋，易子豪，张琴．基于 DEA 模型和 Malmquist 生产效率指数的我国省际土地利用生态效率时空演变［J］．江苏农业科学，2018，46（5）：244－249.

② 石晓平，曲福田．中国东中西部地区土地配置效率差异的比较研究［J］．山东农业大学学报（社会科学版），2001，3（2）：27－32.

③ 叶京力，李江风，季翱．城市化过程中的土地集约利用途径［J］．资源开发与市场，2004，20（2）：108－110.

④ 吴郁玲．基于土地市场发育的土地集约利用机制研究——以开发区为例［D］．南京：南京农业大学博士学位论文，2007.

⑤ 班茂盛，方创琳，宋吉涛．国内外开发区土地集约利用的途径及其启示［J］．世界地理研究，2007，16（3）：45－60.

⑥ 解静香，王洪运，宋亚秀．促进城市土地集约利用的途径和措施［J］．国土资源，2009（7）：56－57.

⑦ 尹奇，罗育新，宴志谦．城市土地资源配置效率的经济学分析——以住宅用地和非住宅用地为例［J］．四川农业大学学报，2007，25（2）：135－138.

完全竞争性，市场机制在进行土地资源配置时，并不一定是有效的。[①] 吴宇哲（2007）通过对工业地价形成机理的分析，认为地方政府可以根据具体情况，创新工业土地的交易定价形式，不必拘泥于单一的价格策略。[②] 刘卫东和段洲鸿（2008）则强调我国工业用地价格的形成方式受到特定时期具体国情的影响，具有一定的时效性和合理性。[③]

曹珂和肖竞（2011）则从动态演进理论框架出发，就产业动态演进与工业用地模式的互动协调机制进行研究，认为应建立与产业动态演进相匹配的工业用地模式。[④] 陈海燕（2011）从土地利用方式与经济发展方式转型之间的关系入手，认为土地利用方式由粗放向集约利用转变是转变经济发展方式的重要内容。未来应注意建立土地集约利用激励机制，通过制度创新、科技创新等方式促进土地集约利用。[⑤] 吴琼和李树枝（2011）、柴志春等（2012）都提出要更好地发挥市场在资源配置中的基础性作用，必须坚持工业用地招拍挂制度，改革完善工业用地供应制度，实行更加灵活的供应方式。[⑥⑦]

但杨遴杰和饶富杰（2012）则认为由于我国工业用地市场在基础制度方面还存在一定的缺陷，政府应放弃垄断建设用地供应，构建竞争性的土地市场，发挥市场在土地配置中的作用，才能有效地解决工业用地集约利用效率低下的问题。[⑧] 曹子剑等（2012）也指出随着经济发展、产业结构升级以及国际竞争的日益激烈，现有的土地定价机制难以持续，应积极推动土地供应方式的改革。[⑨] 高

---

① 韩九云，陈方正．土地资源规划配置的经济效率分析［J］．中国市场，2009（27）：58－60.

② 吴宇哲．基于博弈论的区域工业地价均衡分析及管理策略研究［J］．浙江大学学报（人文社会科学版），2007，37（4）：124－133.

③ 刘卫东，段洲鸿．工业用地价格标准的合理确定［J］．浙江大学学报（人文社会科学版），2008，38（4）：146－153.

④ 曹珂，肖竞．基于动态演进观念的工业用地空间布局模式研究［M］．南京：东南大学出版社，2011.

⑤ 陈海燕．转变经济发展方式背景下土地集约利用机理研究——以江苏省昆山市为例［D］．南京：南京农业大学博士学位论文，2011.

⑥ 吴琼，李树枝．近年来工业用地供应情况分析［J］．国土资源情报，2011（7）：40－43.

⑦ 柴志春，纪成旺，赵松．工业用地供应制度改革路径探索［J］．农业工程，2012，2（7）：53－56.

⑧ 杨遴杰，饶富杰．政府在工业用地配置中角色失效原因分析［J］．中国土地科学，2012，26（8）：36－41.

⑨ 曹子剑，赵松，徐更新．中日两国工业地价比较研究［J］．中国房地产，2012（9）：49－57.

魏等（2013）通过对1980年以来我国工业用地集约利用政策的回顾和梳理，认为必须不断创新工业用地集约利用政策，探索差别化和精细化的工业用地管理模式与方法。[①] 张念（2014）通过对英国、韩国和日本等国有关促进土地集约利用政策的分析，认为促进土地节约集约利用，应注意发挥税收的杠杆作用，提高土地保有阶段税收在整个土地税收中的比重。[②] 范建双和虞晓芬（2015）也对全国各省市区1999～2008年土地利用效率的区域和产业差异情况进行了分析。结果表明各区域和产业之间的土地资源配置具有较强的互补性，应实施差别化的用地政策。[③] 金媛和王世尧（2016）通过对2004～2010年的省级面板数据的实证研究发现土地需求弹性是影响地方政府土地出让行为选择的决定因素。[④]

郭小忠（2017）从深化经济体制改革角度出发，认为政府主导的土地供给模式效率低下、社会成本高，是不可持续的。而市场主导下的土地供给模式又容易过度强调经济利益，忽视社会效益。因此在土地供给模式改革过程中，应因地制宜，明确责权利关系，避免“一刀切”的模式。[⑤] 张璋和周新旺（2017）通过对全国48个城市面板数据的实证分析，认为土地供给价格不合理是导致产业结构失调的重要原因。因此，应尽快改变地方政府激励机制，改革现有的地方财税体制，减少政府对工业用地市场的干预，促进产业结构的升级。[⑥] 陈淑云和曾龙（2017）通过对全国2003～2014年281个地级及以上城市面板数据的分析，认为地方政府土地供给行为是影响土地价格差异的主要因素。土地价格与产业结构升级之间存在显著的倒“U”形关系。现阶段，土地财政明显地促进产业结构升级；土地供给结构则抑制产业结构升级。因此，需要因地制宜采取不同的土地供

① 高魏，马克星，刘红梅．中国改革开放以来工业用地节约集约利用政策演化研究［J］．中国土地科学，2013，27（10）：37－43.

② 张念．城镇化背景下资源节约集约型土地税收制度研究——以香港土地制度为借鉴［D］．北京：中国农业大学博士学位论文，2014.

③ 范建双，虞晓芬．土地利用效率的区域差异与产业差异的收敛性检验［J］．统计与决策，2015（10）：99－103.

④ 金媛，王世尧．分割市场与土地出让——理论与来自中国省际面板的证据［J］．中国经济问题，2016（6）：14－23.

⑤ 郭小忠．新型城镇化进程中的土地集约利用问题与对策［D］．北京：中国地质大学（北京）博士学位论文，2017.

⑥ 张璋，周新旺．土地出让价格、政府补贴与产业结构升级［J］．财经科学，2017（12）：108－119.

给政策，提高土地利用效率，促进产业结构升级。① 但是谢冬水（2018）则通过对 2009 ~ 2014 年中国 105 个城市的面板数据的分析，表明现有的土地差别化供应制度显著扩大了城乡收入差距，而要缩小城乡收入差距，必须推进土地供给市场化改革，优化土地供应结构。② 余亮亮和蔡银莺（2018）也指出，要促进各区域经济之间的协调发展，应建立不同管制强度地区之间的横向财政转移支付机制和土地发展权交易市场，优化土地管制强度，促进各地区总体福利的提升。③ 徐升艳等（2018）也认为土地供应的市场化从长期来看对经济增长有显著的促进作用。因此，应持续推进土地供应制度的市场化改革，减少地方政府对土地供应的行政干预。④

2.2.2.3　土地集约利用效率评价体系研究

评价体系的构建是土地集约利用效率评价工作的基础和前提，评价体系的科学性与可行性决定着评价结果的合理性与可靠性。同时，也为国家制定土地集约利用方面的政策提供了重要的决策依据。随着社会经济的发展，对土地集约利用效率的评价也从原先注重经济效率单目标评价，逐渐转向包括经济效益、社会效益和生态效益的多目标评价。多年来，国内学者在这方面做了大量的研究，构建了多种评价体系。

赵鹏军和彭建（2001）构建了包括 2 个主目标、7 个子目标和 20 个评价因子的土地集约利用评价指标体系。⑤ 王梅和曲福田（2004）构建了由建筑密度、建筑容积率、地均累计投资额、地均销售额、人口密度等指标构成的评价指标体系，并在此基础上采用德尔菲法对指标的权重予以确定。⑥ 陈成等（2005）在对

① 陈淑云，曾龙．地方政府土地出让行为对产业结构升级影响分析——基于中国 281 个地级及以上城市的空间计量分析［J］．产业经济研究，2017（6）：93 - 106.

② 谢冬水．土地供给干预与城乡收入差距——基于中国 105 个城市的面板数据［J］．经济科学，2018，225（3）：37 - 50.

③ 余亮亮，蔡银莺．国土空间规划管制、地方政府竞争与区域经济发展——来自湖北省县（市、区）域的经验研究［J］．中国土地科学，2018，242（5）：56 - 63.

④ 徐升艳，陈杰，赵刚．土地出让市场化如何促进经济增长［J］．中国工业经济，2018（3）：44 - 61.

⑤ 赵鹏军，彭建．城市土地高效集约化利用及其评价指标体系［J］．2001，23（5）：23 - 27.

⑥ 王梅，曲福田．昆山开发区企业土地集约利用评价指标构建与应用研究［J］．2004，18（6）：22 - 27.

徐州开发区的土地集约利用情况进行评价时，则采用层次分析法来进行权重分配。[①] 吴郁玲等（2006）则采用地均 GDP、地均工业总产值、地均出口额、地均实际利用外资额等指标对不同地区各类开发区的土地利用效率进行评价。[②] 翟文侠等（2006）则提出了包括23个指标的土地集约利用评价指标体系。[③] 蒋贵国（2007）在成都市工业用地利用潜力评价工作中，构建了由地均工业产值、地均工业利税等六个指标组成的评价指标，然后采用两轮德尔菲法，最后确定出了指标权重。[④] 杨树海（2007）根据经济、社会与生态效益协调统一的原则，从人口、经济发展和生态协调三个方面构建了包括人口密度、土地容积率、建筑密度、地均固定资产投资额度、地均 GDP 量等指标在内的评价体系。[⑤] 宋红梅等（2007）同样从社会、经济和生态环境三个角度出发，构建了土地集约利用评价指标体系，并采用熵值法来确认各指标的权重。[⑥]

乔陆印等（2010）通过对 CNKI 数据库中各种评价指标出现的次数及指标权重分配方法的分析，提出了包括21个指标的评价指标体系。[⑦] 石培基和邴广路（2009）从用地结构、利用方式、开发强度、投入产出等方面筛选指标构建评价指标体系，采用熵值法计算权重，并运用该评价体系对甘肃省87个县（市、区）的建设用地集约利用情况进行了评价。[⑧] 廖进中等（2010）则从投入强度、土地利用强度、土地利用效益、土地利用结构等方面构建了土地集约利用效率的综合

① 陈成，吴群，王楠君．开发区土地集约利用研究——以徐州市开发区为例［J］．国土资源科技管理，2005（4）：46－50.

② 吴郁玲，曲福田，冯忠垒．我国开发区土地资源配置效率的区域差异研究［J］．中国人口·资源与环境，2006（5）：112－116.

③ 翟文侠，黄贤金，张强，周峰，马其芳，钟太洋．城市开发区土地集约利用潜力研究——以江苏省典型开发区为例［J］．资源科学，2006（3）：54－60.

④ 蒋贵国．成都市工业用地土地集约利用潜力评价研究［J］．四川师范大学学报（自然科学版），2007，30（5）：652－656.

⑤ 杨树海．城市土地集约利用的内涵及其评价指标体系构建［J］．经济问题探索，2007（1）：27－30.

⑥ 宋红梅，侯湖平，张绍良，丁忠义，黄继辉．基于熵值法的城市土地集约利用评价——以徐州市为例［J］．资源开发与市场，2007，23（2）：116－118，180.

⑦ 乔陆印，周伟，曹银贵，刘斌，辛学磊．城市土地集约利用评价指标体系研究［J］．生态经济，2010（6）：31－34.

⑧ 石培基，邴广路．基于熵值法的建设用地集约利用评价——以甘肃省为例［J］．干旱区研究，2009，26（4）：502－527.

评价体系，研究城镇化进程对土地集约利用效率的影响因素。① 陈磊和刘秀华（2011）则构建了包括四个维度的评价指标体系，采用 AHP 法确定各指标的权重，并指出影响土地集约利用的主要因素是投入强度和利用效益等。②

王昱等（2012）在分析工业化和城镇化对建设用地利用效率的作用时，使用非农产业 GDP、投入产出比、人均建设用地等指标来表示一个地区的工业化水平，以地均城镇人口数量、城市建成区面积占建设用地面积的比例等指标表示一个地区的城镇化水平，共同来评价建设用地利用效率。③ 周沂等（2013）则使用建设用地地均第二三产业产值、地均 GDP 等指标来评价土地的集约利用效率。④ 李永乐等（2014）也采用单位建成区面积上的第二三产业增加值等指标，来分析我国城市土地利用效率的地区差异和时空特征。⑤ 李标（2014）构建了一个由经济、人口、空间、社会、资源与环境六个维度，46 个指标组成的三层集约型城镇化发展水平综合评价指标体系，并采用因子分析法和聚类分析法对相关数据进行分析。结果表明，我国的集约型城镇化呈现出差异化、梯度化、不协调化的发展态势。⑥

2.2.2.4 土地集约利用综合评价方法研究

评价方法的选择在土地集约利用评价过程中具有重要的作用。方法的科学性与合理性对评价的结果具有重要影响。从已有的研究结果来看，大多采取的是运筹学或是统计学的方法来进行评价。此外，也有部分学者在研究中对上述几种方法进行了融合。

刘灵辉等（2007）在构建了分层次土地利用评价指标体系的基础上，运用了

① 廖进中，韩峰，张文静，徐获迪．长株潭地区城镇化对土地利用效率的影响［J］．中国人口·资源与环境，2010（2）：30－36.

② 陈磊，刘秀华．基于模糊综合评价模型的城市土地集约利用潜力评价——以河南省平顶山为例［J］．南方农业学报，2011，42（3）：340－344.

③ 王昱，丁四保，卢艳丽．建设用地利用效率的区域差异及空间配置——基于 2003～2008 年中国省域面板数据［J］．地域研究与开发，2012（6）：132－138.

④ 周沂，贺灿飞，黄志基，王伟凯．地理与城市土地利用效率——基于 2004～2008 中国城市面板数据实证分析［J］．城市发展研究，2013，20（7）：19－25.

⑤ 李永乐，舒帮荣，吴群．中国城市土地利用效率：时空特征、地区差距与影响因素［J］．经济地理，2014，34（1）：133－139.

⑥ 李标．中国集约型城镇化及其综合评价研究［D］．成都：西南财经大学博士学位论文，2014.

模糊综合评价方法对城镇土地集约利用情况进行评价。[①] 邵晓梅和王静（2008）在对工业园区土地集约利用评价中，从利用程度、利用效率、投入强度、持续状况四个维度构建了评价指标体系，采用熵值法确认各指标的权重，再运用综合评分法对中小城市工业园区的土地集约利用情况进行评价。[②] 渠丽萍等（2010）采用主成分分析法对影响武汉市 1993～2005 年城市土地集约利用的因素进行了实证分析，并提出了相应的建议与措施。[③] 刘智超和赵姚阳（2012）在对南京市 2005～2011 年土地节约集约利用相关数据分析的基础上，采用熵值法来确认各影响因素的权重，并运用灰色关联度理论分析不同因素之间相互影响，为相关部门研究制定提高土地集约利用水平的政策提供了决策依据。[④] 张宇辰和孙宇杰（2012）通过对城市工业用地规模与工业总产值之间关系的计量分析，总结了我国城市工业用地扩张特征，对 1999～2008 年我国工业用地的边际效率进行了验证。[⑤] 刘传明等（2010）综合运用数据包络分析法和综合评价法，对湖南农业用地与城镇建设用地利用效率的差异进行分析，进而对土地的综合利用效率进行评价。[⑥]

陈伟（2014）基于无差异化的研究视角，首先，通过构建“标准用地面积”指标和“容积率指数”来反映不同行业和区域之间土地利用强度的差异。其次，以江苏省 1092 家工业企业为研究对象，运用 DEA 和 SFA 方法分别测算了江苏省不同行业的工业用地利用效率。[⑦] 最后，采用回归分析的方法检验了不同行业工业用地利用效率的影响因素。密长林（2015）首先构建了一个土地集约利用与经

---

① 刘灵辉，陈银蓉，石伟伟．基于模糊综合评价法的柳州市土地集约利用评价［J］．资源调查与评价，2007，24（6）：1－6.

② 邵晓梅，王静．小城镇开发区土地集约利用评价研究——以浙江省慈溪市为例［J］．地理科学进展，2008，27（1）：75－81.

③ 渠丽萍，张丽琴，胡伟艳．城市土地集约利用变化因素研究——以武汉市为例［J］．资源科学，2010，32（5）：970－975.

④ 刘智超，赵姚阳．基于灰色关联法和熵值法的南京市土地集约利用影响因素分析［J］．广东农业科学，2012（1）：188－192.

⑤ 张宇辰，孙宇杰．城市工业用地扩张及其边际效率研究［J］．江西农业学报，2012，24（7）：160－163.

⑥ 刘传明，李红，贺巧宁．湖南省土地利用效率空间差异及优化对策［J］．经济地理，2010，30（11）：1890－1896.

⑦ 陈伟．城市工业用地利用效率的区域与行业差异研究［D］．南京：南京农业大学博士学位论文，2014.

济发展的综合评价模型；其次在熵值法与层次分析法的基础上，运用乘法集成进行指标的权重分配；最后综合运用加权综合指数法、灰色关联度法、模糊综合评价法、TOPSIS 评价法等进行综合评价。[①] 贝涵璐（2016）则采用含非期望产出的 SBM 模型对各省的建设用地利用效率进行评价；其后运用泰尔指数、探索性空间数据分析等方法对 1999～2008 年我国建设用地利用效率的时空差异进行分析。结果表明，省际建设用地利用效率差异存在扩大趋势，而区域差异则是引起差异扩大的主要原因。[②]

杨萍（2016）建构了由空间维、时间维、价值维组成的土地高效利用模型，并采用三阶段 DEA 方法对山东省 51 个现代农业示范区 2010～2015 年的数据进行分析。结果表明：土地利用整体效益还有较大的提升空间；土地投入要素的配置需要进一步优化；技术水平偏低是限制土地利用效益提升的主要因素；规模效率则显著降低了整体技术水平的上升。[③] 王群和王万茂（2017）将土地要素引入哈罗德－多马增长模型，通过分析经济增长率、建设用地增长率与土地产出比率增长率三者之间的关系，揭示经济增长与建设用地扩张之间变化规律，为研究土地在经济增长中的贡献率以及城市土地集约利用效果评价等提供一个新的视角和方法。[④] 刘宝涛（2017）运用 GIS 空间分析等方法对吉林省新型城镇化与土地集约利用的关系进行了研究，对新型城镇化与土地集约利用的协调发展路径进行了探讨。[⑤]

姚尧（2018）在对湖南省 1990～2015 年土地利用转型与社会经济发展现状分析的基础上，运用典型相关性分析方法研究土地利用转型的驱动机制，最后采用耦合协调度模型和脉冲响应模型探讨了土地利用转型与经济发展之间的互动机

① 密长林．土地节约集约利用与经济发展的协调性研究［D］．天津：天津大学博士学位论文，2015.

② 贝涵璐．建设用地利用效率时空差异及其与城镇化质量的耦合关系［D］．杭州：浙江大学博士学位论文，2016.

③ 杨萍．现代农业园区土地高效利用研究：理论、评价、路径［D］．北京：中国农业大学博士学位论文，2016.

④ 王群，王万茂．中国经济增长、建设用地扩张与用地－产出比率——基于 2000～2014 年中国省际面板数据分析［J］．中国地质大学学报（社会科学版），2017（6）：164－175.

⑤ 刘宝涛．吉林省新型城镇化与土地健康利用协调发展研究［D］．长春：吉林大学博士学位论文，2017.

制和耦合协调模式。① 孙青等（2018）运用极差标准化法、熵值法、耦合协调等相结合的研究方法，对2006～2016年山东半岛城市群土地利用效益和新型城镇化水平的关联度与耦合度进行研究。结果显示山东半岛城市群的土地利用效率明显滞后于新型城镇化水平，因此，未来需要调整城镇化的结构，提高土地利用效率。②

2.2.3 文献评述

综上所述，国内外学者已经在土地集约利用的内涵与影响因素、指标体系的构建和评价方法选择等方面做了大量的研究，为土地集约利用深入研究奠定了扎实的基础，取得了较为丰富的研究成果。但是，也存在着一些需要更加进一步深入研究的问题。

（1）效率问题一直都是经济学研究的核心问题之一。随着经济学的发展，制度因素已经被公认对要素的生产效率和配置效率发挥着不可忽视的作用。由于我国人多地少的基本国情，加之正处于城市化与工业化加速发展阶段，土地供求矛盾非常尖锐。但是从已有的文献研究结果来看，有关土地出让制度安排及其内嵌的激励机制对土地集约利用效率的影响机理并没有得到充分讨论。由于基础产权制度的差异，国外的相关研究结果无法直接借鉴。但是纵观国内文献的结果，大多将土地出让制度简单地归结为：到底是市场化还是行政化更有利于土地资源配置效率，而忽视了具体的土地出让合约结构及其内嵌的激励机制，这无疑是让人十分遗憾的。经济学理论已经揭示，交易成本（风险）会影响合约结构和分工效率，即便看起来微小的合约结构差异也可能会对土地的集约利用效率产生重大的影响。因此要研究中国的土地集约利用效率问题，必须从微观主体出发，从具体的合约结构及其激励机制入手，才能更好地解释中国的经济现象。

（2）近年来有关土地集约利用的研究大多是围绕土地集约利用的效率评价所展开的。随着数据包络分析、随机前沿分析、空间计量分析等研究方法的发

① 姚尧．湖南省土地利用转型的时空演变特征及其与社会经济发展耦合协调机制研究［D］．武汉：中国地质大学（武汉）博士学位论文，2018.

② 孙青，张晓青，尹向来．土地利用效益与新型城镇化水平的协调关系研究——以山东半岛城市群为例［J］．湖南师范大学自然科学学报，2018，41（4）：16－25.

展，土地集约利用效率评价研究的广度和深度得到不断深化和发展。但是从已有研究结果来看，有相当一部分研究在构建评价指标体系时，将投入指标和产出指标混淆，将它们都作为土地集约利用效率评价的指标进行分析，这是存在明显的逻辑错误和理论基础的。土地集约利用作为一种资源配置的方式，主要表现为不同生产要素之间的比例关系，而土地集约利用效率作为这种资源配置方式的结果应主要表现为投入和产出的比较上。这种混淆投入和产出关系的研究结论也必然是包罗万象、缺乏深刻的经济内涵与理论基础的，无法指导我们更好地认识和解决土地集约利用问题。

（3）现有的土地集约利用效率研究大多重宏观轻微观。具体来说，从新经济地理学视角出发，以土地集约利用效率的区域差异作为研究对象，以规模报酬递增和垄断竞争模型为理论基础，重点关注产业集聚以及与其伴生的城镇化、产业结构、转变经济增长方式等宏观现象对土地集约利用效率的影响。但是，这些研究忽视对于这些宏观现象微观基础的探究，未能深入产业聚集现象的内部探讨影响经济演进机制的微观要素，也未能深入规模报酬递增的来源。大多数已有研究依然保留了新古典经济学框架下，将企业视为一个“黑箱”的传统，因而忽视了合约结构及其内嵌的激励机制对资源配置和使用效率的影响。土地集约利用作为资源配置的一种表现形式并不是外生于这些宏观现象，而是与这些现象同步产生的，是一个系统的不同反映形式。因此，只有将这个系统的运作机理与微观激励机制研究清楚，才能真正理解土地集约利用与这些宏观经济现象之间的关系。

鉴于我国国有土地产权制度和土地出让制度等微观机制设计与国外存在着巨大差异，本书研究目标主要针对城市工业用地的集约利用效率，将合约结构及其内嵌的激励机制因素纳入城市工业用地利用效率的研究框架中，通过对工业用地集约利用效率历史演进规律的分析，找出影响工业用地集约利用效率的关键因素，为合理配置土地资源、提升工业用地集约利用效率奠定理论基础。

第3章　城市工业用地集约利用效率的内涵及其历史演进

3.1　城市工业用地集约利用效率的内涵

3.1.1　城市工业用地集约利用效率的界定

工业用地的集约利用就是在土地数量一定的条件下，持续增加劳动、资本等生产要素投入的一种土地利用方式。或者是说在技术条件一定的情况下，土地与其他生产要素之间的比例关系。从资源配置角度出发，在产出一定的条件下，单位面积土地上劳动、资本等生产要素投入的数量越多，工业用地的集约利用效率越高；从投入产出角度出发，在生产要素比例结构一定的条件下，实际产出越高，则工业用地的集约利用效率越高。

3.1.1.1　广义土地集约利用效率

需要明确的是，土地集约利用效率和土地利用效率是两个既相互联系又有所区别的概念。简单来说，土地利用效率可以表示为一种投入产出关系。但是产出的增长既可能是要素投入规模的增加，也可能是要素投入结构的变化。而土地集约利用效率针对的是生产要素结构变化与产出的关系。因此，土地集约利用效率是一个比土地利用效率更有针对性的概念。

对于土地集约利用效率国内还没有统一的认识。陈荣（1995）认为城市土地集约利用效率应包括土地的配置效率和土地边际效率两个层次。在市场有效及自由流动的条件下，这两者其实是统一的。当土地的边际效率达到最优时，土地自然会实现最优配置。但是在我国，现行土地分类供应模式受信息不完全的影响，政府无法实现土地的最优配置，从而导致土地的配置效率与土地边际效率的分离。① 也有学者从投入产出的角度，将土地的资源利用效率定义为单位面积土地投入与所实现的物质产出或取得成果的比。龙拥军等（2011）从土地利用目标的多元化出发，提出土地的集约利用效率从本质上来看是投入的土地、劳动和资本等要素与所获得的土地综合效益的比较结果。②

综上所述，广义的土地集约利用效率是一个综合概念，是指土地资源在配置和使用过程中，产生的经济效益、社会效益和生态效益与投入的生产要素的比例关系。土地的集约利用效率受经济社会发展、技术进步、制度环境等多种因素的影响。随着经济社会的发展及土地利用目标的多元化，土地集约利用效率的内涵也逐渐从经济效率为主扩展到涵盖社会效率和生态效率。

3.1.1.2　狭义土地集约利用效率

在对广义土地集约利用效率界定的基础上，本书将重点关注土地集约利用的经济效率，即生产要素投入结构与产出关系，并将其定义为狭义土地集约利用效率。从另一个角度来讲，也可以认为在经济产出一定的条件下，不同生产要素比例结构的变化。在实际利用过程中，土地资源往往得不到充分利用，无法达到理想状态下的经济产出水平，生产要素的比例结构或实际产出水平与理想状态下的比例结构或产出水平差异越大，土地的集约利用效率就越低。

从用途来看，工业用地主要是为工业企业追求经济效益所服务的。从这一角度出发，工业用地集约利用效率的内涵更趋近于经济效率。因此，工业用地集约利用效率更符合本书有关狭义土地集约利用效率的定义。工业用地的集约利用效率就是指在工业用地的配置和使用过程中，表现出来的经济产出的实现程度。从要素投入结构角度来说，产出一定的情况下，工业用地在投入总量中的比例越

① 陈荣．城市土地利用效率论［J］．城市规划学刊，1995（4）：28－33.

② 龙拥军，杨庆媛，陈琳琳，洪辉．省域土地利用效率空间差异分析——以重庆市为例［J］．改革与战略，2011，27（8）：114－116.

低，则工业用地的集约利用效率越高；从产出角度来说，在工业用地数量一定的条件下，工业用地的实际产出越大，工业用地集约利用效率越高。

工业用地的主要功能是保障和承载工业企业的发展，对经济利益的追求是工业用地的天然属性。虽然随着社会经济的发展，社会对于工业企业所应承担的社会成本和生态环境成本的要求越来越高，但通过将有关成本内部化后，工业用地追求高经济效益的本质并没有发生变化，反而更加突出。

本书的研究内容主要围绕狭义的工业用地集约利用效率所展开，因此如无特殊说明，下文所说的工业用地集约利用效率均指狭义的工业用地集约利用效率。

3.1.2 城市工业用地集约利用效率的外在表现

工业用地的集约利用效率就是工业用地与其他生产要素的比例结构及投入产出效益的反映。工业用地集约利用效率反映了工业用地使用的合理程度。但是需要指出的是，除了生产要素的比例结构以外，还有很多其他因素也会对产出水平构成影响。受边际技术替代率递减规律的作用，随着劳动、资本等生产要素投入数量的增加，工业用地的边际产出会逐渐递减。但从效率的角度出发，此时工业用地集约利用效率很可能依然保持上升，因此不能简单地从工业用地的集约利用效率来推断生产要素比例结构的合理性。

另外，土地作为一种稀缺资源追求经济效益是其内在要求。在我国现行的土地供应模式下，土地资源配置的合理性只能通过土地的集约利用效率来体现。工业用地集约利用效率的高低直接反映了工业用地资源配置的合理性。工业用地集约利用效率越高，表明工业用地的资源配置越合理；反之，则表示工业用地的资源配置存在缺陷，土地利用方式粗放。

工业用地的资源配置包括纵向和横向两个方面：从纵向来看，我国城市建设用地的供给是中央根据土地总体规划，制定一个总体指标，再以计划的方式向地方进行分配。因此，这种指标的制定和分配过程本身就是计划性和非市场性的。由于信息的不完整和滞后性，与市场的实际需求之间存在一定的错位，这就导致地方政府往往采取各种手段争取建设用地指标。从横向来看，地方城市建设用地指标的配置其实是地方政府在城市建设用地指标计划总量内的自主分配过程。不同地区可以根据自身经济发展的阶段特点和社会需求，自主制定不同用途用地的比重。此时，各类用地比重的变化更多体现的是地方政府的诉求，因此，地方政府的目标与动机对于土地集约利用尤其是工业用地的集约利用具有举足轻重的影响。

当然，在分析工业用地集约利用效率变化时，还需要考虑外部性的作用。工业用地的利用目的是最大限度地实现产出增加。而随着生产要素投入的增加，可能会产生拥挤效应，形成负外部性效应；同样，生产要素投入的增加也可能会导致产业集聚，产生正外部性。由于外部性对工业用地集约利用效率的影响机理复杂且不是本书的研究重点，所以本书在分析工业用地集约利用效率的时候并未考虑外部性的作用。

3.1.3 城市工业用地集约利用效率的度量

土地的集约利用既是一个土地的利用过程，也是一种生产要素的配置方式，土地的集约利用效率是从经济、社会和生态等多个角度对土地资源配置的考察和分析，是对不同生产要素配置效率和利用方式的评价。同时，也为提高土地的集约利用效率、挖掘用地潜力提供一个评价基准和参考。随着土地集约利用内涵的不断拓展，土地集约利用效率逐渐发展成为一种功能性度量，也就是对不同土地所承载的“社会－经济”系统运行状况的综合分析。

工业用地的集约利用作为一种土地利用方式必然会受到土地用途的影响。从土地的多用途混用角度出发，工业用地集约利用效率的度量应包括投资强度、开发强度、利用结构和空间布局等多方面内容。通常采用综合评价方法，通过构造一个综合指标或者指标体系，对工业用地集约利用效率评价。常用的度量指标除了投资强度指标外，还包括容积率、建筑密度、绿化率等指标。在产出一定的条件下，工业用地的集约化程度与容积率、建筑密度等呈反向变化。这种状况反映到工业用地的产出效益上，在一定用地约束下，工业用地的土地开发强度上升会使工业用地的产出效益降低。综合评价指标的优势在于囊括了经济、社会、生态等多方面因素，但缺点在于无法对土地的产出效率进行有针对性的反映，并且在指标的选择及权重分配方面存在一定的主观性；而数据包络分析方法虽然在以多投入多产出为特征的系统效率测度中具有独特的优势，但是却无法准确地衡量土地作为一种生产要素的利用效率，使研究结果缺乏针对性，说服力不强。

从生产效率角度出发，工业用地集约利用效率就是生产要素投入结构和与之对应的工业产出的比较。在选择土地集约利用效率度量指标时，投入产出指标往往偏重于衡量土地的经济利用效率即土地的生产效率。具体来说，从投入角度来看，工业用地的集约利用效率可以用投资强度等指标表示。在产出一定的约束下，投资强度越小，意味着工业用地投入数量过多，预示着可能会出现工业用地集约利用效率低下的现象。从产出角度来看，工业用地的集约利用效率可以用地均产出、地均利润和地均利税等指标反映。在用地数量一定的条件下，地均产出、地均利润及地均利税越高，则工业用地集约利用效率越高。当然，无论是工业用地的投入数量还是地均产出的实现水平与工业用地集约利用效率之间并非充要关系，工业用地集约利用效率是多种因素综合作用来反映的。

3.2 我国工业用地集约利用效率的历史演进

土地是国民经济发展中不可或缺的重要资源，任何土地利用方式的变化实质都是土地利用效率的改进。从我国的工业用地集约利用效率的演进历程来看，经济发展战略、经济增长方式、制度变迁、产业结构、要素禀赋以及土地利用政策等都对我国工业用地集约利用效率产生过深刻的影响。因此，本书将在对我国工业用地集约利用效率演进历程简要分析的基础上，采用文献梳理的方式，对影响我国工业用地利用效率的主要因素进行讨论，从理论视角探寻工业用地集约利用效率的演进规律。本书按照我国重大经济体制改革的阶段性特点，将1949～2018年我国的经济发展划分为四个阶段，探索工业用地利用效率的演进规律。

3.2.1 计划经济体制时期工业用地集约利用效率及其影响因素

1949年中华人民共和国成立后，由于长年战乱，经济基础极为薄弱，城镇化与工业化水平较低。全国工农业总产值为466亿元，其中农业占比70%，工业占30%，而其中重工业比重仅为7.9%①。与此同时，中国的工业基础也十分薄弱，现代工业仅占10%，而手工业则占90%。因此，国民经济恢复时期（1949~1952年）的主要任务是恢复长期战乱对经济的破坏。这段时期在政策上鼓励资本主义工商业发展；同时加快推进土地改革，建立农民土地所有制，并于1950年颁布了《土地改革法》和《城市郊区土地改革条例》，建立起了以“耕者有其田，家庭自主经营”为特征的农村私人土地所有制和以“国家所有，无偿使用”为特征的城市国有土地所有制，初步形成了城乡分割的二元土地管理体制。可以发现，由于这一时期政府的主要目标是恢复和发展经济，加之市场在经济发展中起着重要作用，所以在土地的集约利用效率方面，资源禀赋发挥着主导的作用。

1953年以后，随着经济的逐步恢复，工业化成为了政府的优先发展目标。但受制于当时资本稀缺、人力和土地资源相对充裕的资源禀赋现状，为了保证工业化尤其是重工业的快速发展，降低工业化的建设成本，这一时期逐渐形成了以“无偿划拨”为特征的城市工业用地配置方式。“无偿划拨”的土地配置方式虽然在一定程度上支持了我国重工业化的发展，但是也带来了严重的弊端，主要表现在：第一，产权模糊，激励机制缺失。在国有土地划拨制度下，国家拥有土地的名义所有权和控制权，而企业则拥有土地的收益权。控制权与收益权的分离导致激励机制缺失，拥有收益权而没有控制权的不会考虑资源的损耗，会拼命追求利益；而只有控制权没有收益权的不会关心资源的使用效率，最终导致资源利用的低效率。第二，土地浪费严重，利用方式不合理。一方面，由于激励机制的不合理，客观上导致对企业多占土地行为的激励；另一方面，这一时期以外延扩大为主的工业化发展模式也导致了土地的浪费和低效利用。根据1984年对全国287个城市建设用地的统计，工业及仓储用地面积为2794平方千米，占全部城市建设用地面积的32%，远远超出发达国家大约15%的水平。② 大多数研究将这一时期土地利用效率低下的原因归结为无偿划拨的国有土地利用方式。张小铁（1994）则对此提出了不同的看法，他认为这一时期国有土地的利用方式是与国

① 薛暮桥．1981年中国经济年鉴（简编）［M］．北京：经济管理杂志社，1982.
② 张小铁．转轨中的中国城市土地经济问题研究［D］．北京：中共中央党校博士学位论文，1994.

有土地的产权结构相适应的。在公有制条件下，企业只是政府的附属，并不具备独立的经济利益。[①] 其实，这不过是信息不对称条件下，国有企业委托代理机制失灵在工业用地集约利用效率方面的体现罢了。

林毅夫等（1994）从资源禀赋与国家发展战略匹配角度出发，对这一时期我国的工业化发展提出了一个具有自洽性的分析框架。他们认为，受当时国际环境与历史背景的影响，我国被迫选择了重工业优先的赶超战略。重工业是典型的资本密集型产业，与我国当时资本短缺、人力资本过剩的资源禀赋是极其不匹配的。在一个开放的市场环境下，资本构成与资源禀赋差距过大的产业是没有自生能力的。为了更好地调动资源支持重工业的发展，就需要建立一套与市场经济不同的计划调节机制，使资源配置向重工业倾斜。通过工农产品价格“剪刀差”，一方面人为压低农产品、资本、矿产等自然资源的价格；另一方面，人为提高工业品的价格，改善重工业的经济效益，增加重工业的资本积累。工农产品价格的扭曲，会导致农产品的供给不足和工业品的滞销。为了确保计划经济的顺利实施，就必须建立起以统购统销为主的商品价格体系、以人民公社和国有企业为主的产权结构、以国家垄断金融和户籍制度为特征的生产要素流动体系，最终通过全面扭曲要素及产品价格，形成新的资源禀赋结构，确保重工业优先战略的实施。[②]

重工业优先战略在实现了经济总量快速发展的同时，也造成了资源利用效率的低下。一方面，在重工业优先战略下工业企业产品成本高、缺乏竞争力，因此国家对工业企业实行了全面的垄断和保护，使工业企业失去了降低成本、创新技术水平的动力。工农业产品价格“剪刀差”又限制了国内市场规模的发展，使某些行业的规模经济优势无法发挥。另一方面，在价格扭曲和国有产权条件下，对经理人员和工人的微观激励机制受到破坏，软预算约束的普遍存在使对劳动的激励不足。计划经济体制长期忽视资源的使用效率，极大地限制了社会生产力的持续发展与国民经济效益的提高。根据有关数字统计，1952～1981年，中国的全要素生产率年均增长仅为0.53%，远远低于同期发展中国家的平均水平。世界

① 张小铁．我国传统城市土地产权制度评析［J］．财经问题研究，1994（6）：55－59.

② 林毅夫等．中国的奇迹：发展战略与经济改革［M］．上海：上海人民出版社，1994.

银行更估计同期中国国有企业的全要素生产效率处于停滞或负值。①

这一阶段政府目标与资源禀赋的冲突是影响我国工业用地集约利用效率的主要因素。而为了确保重工业优先发展战略的落实，政府不得不建立起计划经济的调节体制，扭曲产品的价格。资源价格的扭曲与市场机制的缺失，使信息不对称条件下，企业和个人等微观主体的激励问题凸显出来。有效激励机制的缺失导致资源配置效率低下，资源利用效率问题受到长期的忽视，严重影响了城市工业用地集约利用效率的持续提升。

3.2.2 计划经济向市场经济转型时期工业用地集约利用效率及其影响因素

1978 年党的十一届三中全会以后，中国开始由计划经济向市场经济转型。随着经济体制改革的不断深入，乡镇企业迅速崛起、地方征税体制改革、国有企业改革以及小城镇数量的快速增加，使原本被政府扭曲的资源禀赋重新发挥了作用，推动工业用地利用方式从“无偿划拨”向“有偿使用”的根本性转变，市场对资源配置的作用明显增强，有效地提高了工业用地的集约利用效率。

从农村来看，以家庭联产承包责任制为核心的农村经济体制改革，将剩余索取权重新交回到农民手中，解决了农民的激励问题，极大地激发了农民的生产热情，为农村市场经济的发展奠定了制度基础。购销流通体制改革以及价格双轨制的实施，使广大农民成为能自主决策的市场主体，农业生产力得到极大提高。农业生产力的提高不但解决了全国的温饱问题，为工业尤其是轻工业的发展和城市化水平的提高奠定了坚实的物质基础，而且使大量的劳动力从土地上解放出来。农村剩余劳动力的出现，凸显了我国真实的资源禀赋条件。为了解决农村剩余劳动力的就业问题，乡镇企业作为一种制度创新在全国范围内迅速发展。裴小林（1999）指出，乡镇企业实际上是我国经济转轨时期地区分权、财政包干、集体土地所有制和户籍制度等因素共同作用的产物。集体土地所有制在某种程度上发挥了要素市场的功能，使乡镇企业在缺乏要素市场的情况下促进了产品市场的繁

---

① 林毅夫，蔡昉，李周．中国的奇迹：发展战略与经济改革（增订版）［M］．上海：上海人民出版社，2013.

荣。[①] 乡镇企业的快速崛起推动了以小城镇建设为中心的新一轮城镇化高潮，扩大了城市工业用地的供给。在这一时期，全国城市建成区面积由 1985 年的 8842 平方千米增至 1992 年的 13792 平方千米，增长 1.56 倍。而同期，全国工业增加值则从 3478.3 亿元增加到 10340.5 亿元，增长 2.97 倍。[②] 城市工业用地的集约利用效率得到明显改善。但出于乡镇企业布局分散、地方保护主义以及户籍制度等原因，城镇规模普遍较小，导致产业集聚效应无法发挥，影响了要素的使用效率（王小鲁、夏小林，1999；Hamza et al.，2002）。[③④]

从城市来看，20 世纪 80 年代初期推行的以财政包干制为特征的财政体制改革，使地方政府拥有了一定程度的剩余索取权。财政包干制一方面使地方政府在无法直接占有农业剩余的条件下，有动力通过推动乡镇企业、地方企业的发展来推进地方工业化。Naughton（1994）也指出改革初期由于工农产品价格"剪刀差"的存在，为乡镇企业提供了巨大的盈利空间；另外，也激励了地方政府努力开辟新的政府税收来源。[⑤] 另一方面，随着市场化改革的不断深入，我国人多地少的资源禀赋使土地作为稀缺资源的价值逐渐凸显，为地方政府推动以"有偿使用"为特征的城市土地使用制度改革提供了动力。

与农村经济体制改革的思路类似，20 世纪 80 年代初，我国也在城市推行了承包制、股份制以及租赁经营等多种形式的国有企业改革，试图通过微观激励机制的改变，提高国有企业的经营效率。一方面通过向国企经营者转移一些微观经济决策权来赋予他们经营自主权；另一方面通过允许经营者和职工以奖金和福利的形式从企业业绩改善中获益来加强企业层面的激励。随着乡镇企业、私营企业、外资企业等非国有制经济的发展和在国民经济中比重的不断提高，国有企业

---

① 裴小林．集体土地制：中国乡村工业发展和渐进转轨的根源［J］．经济研究，1999（6）：45－50.

② 参见国家统计局网站，http：//data. stats. gov. cn/。

③ 王小鲁，夏小林．加速城市发展应与产业结构和布局调整结合起来［J］．经济研究参考，1999（a5）：43.

④ Hamza R，Au W，Johnson M，et al. Video to Information（V2I）System Enabling Old Commercial Cockpit Instruments to Participate in the Advanced Information Retrieval and Safety Services［C］. Digital Avionics Systems Conference，2002.

⑤ Naughton B. What Is Distinctive About China's Economic Transition? State Enterprise Reform and Overall System Transformation［J］. Journal of Comparative Economics，1994，18（3）：470－490.

的经营效益不断下滑。随着财政体制改革带来的地方政府预算硬约束，国有企业出现了普遍的经营困难。林毅夫和李周（1995）认为导致国有企业经营困难的原因在于不公平条件下的预算软约束。国企改革应从剥离企业承担的战略性政策负担和社会负担入手，打造公平的竞争环境。[①] 张维迎（1995）则从激励机制角度出发，认为企业剩余索取权与控制权的设计才是解决国有企业问题的关键。[②] 虽然这一时期，国有企业改革出于种种原因没能取得预期的结果，但是国有企业已经开始逐渐摆脱政府附庸的角色，逐渐向原本企业的角色回归。经济转轨时期全国城市建成区面积如图 3. 1 所示。

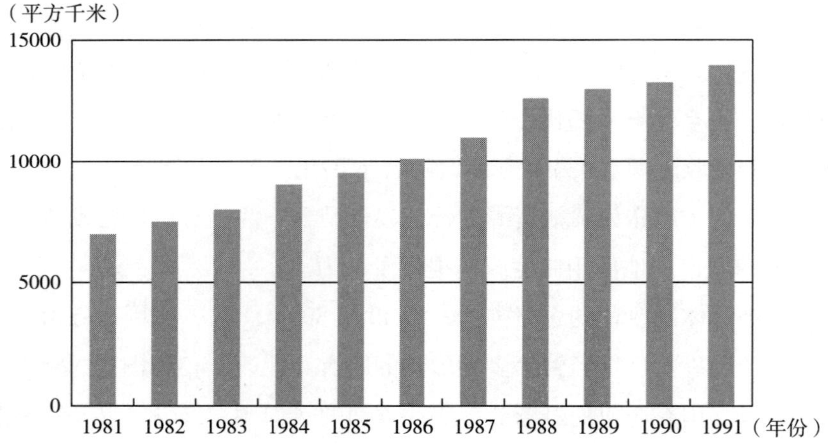

图 3. 1　经济转轨时期全国城市建成区面积

资料来源：历年《中国城市建设统计年鉴》。

国有企业、乡镇企业、私人企业、外资企业多元产权结构的出现改变了城市公有制一统天下的局面，为城市国有土地使用方式改革奠定了产权基础；财政体制改革使地方政府具备了改变国有土地使用方式的动机；农村经济体制改革又使大量的剩余劳动力从土地的束缚中解放出来，为国有土地使用方式改革做了资源

① 林毅夫，李周．国有企业改革的核心是创造竞争的环境［J］．改革，1995（3）：17 – 28.
② 张维迎．企业的企业家——契约理论［M］．北京：三联书店，1995.

禀赋方面的准备，至此国有土地使用方式从“无偿划拨”向“有偿使用”的转变就变得水到渠成。1987 年 9 月，深圳率先进行了国有土地使用权的出让，这标志着以“土地所有权与使用权分离”为特征的土地市场化进程开始起步。1988 年 12 月，第七届全国人大常委会对《中华人民共和国土地管理法》进行了补充和修改。明确规定“国有土地和集体所有的土地的使用权可以依法转让”“国家依法实行土地有偿使用制度”。1990 年，国务院下发《中华人民共和国城镇国有土地使用权出让和转让暂行条例》，对土地使用权的出让年限、出让方式、抵押等方面做出了相应的规范。

深圳国有土地使用权转让的成功，极大地刺激了全国其他地方政府转让土地使用权的热情。国有土地所有权和使用权的分离为我国将市场机制引入土地资源配置方面注入了强劲的动力，极大地推动了我国土地使用权交易市场的形成，带动了我国土地资源配置的市场化进程，充分体现了土地资源利用的经济价值，促进了城市工业用地利用效率的提高。可以发现，政府目标的转变、资源禀赋的回归以及微观激励机制的重新设计一起促进了这一时期城市工业用地集约利用效率的有效改善与提升。但由于土地的市场化建设刚刚启动，缺乏统一的标准，各地方出现了一些混乱的现象，加之乡镇企业的快速发展使耕地面积出现较大幅度下滑，城市建成区面积快速扩张，城市工业用地的集约利用问题开始凸显。

3.2.3　社会主义市场经济体制构建时期工业用地集约利用效率及其影响因素

1992 年 10 月，党的十四大明确提出建立社会主义市场经济体制，发挥市场在资源配置中的基础性作用。1993 年，党的十四届三中全会通过《中共中央关于建立社会主义市场经济体制若干问题的决定》。随后，国家又颁布《出让国有土地使用权审批管理暂行规定》。这一系列政策的出台，极大地推动了我国土地使用权交易市场的建设。但是随着以分税制改革为中心的重大改革措施的出台，让原先促使国有土地使用权市场化的一系列基础发生了变化，使以推进国有土地集约利用为目的的土地市场化改革，反而在执行过程中导致了城市无序扩张和非正常发展的现象。

随着 20 世纪 80 年代以“财政包干”为主的财政体制改革的推进，中央政府的财政收入出现大幅下滑。财政收入占 GDP 比重从 1979 年的 28.4% 下降到 1993 年的 12.6%，中央财政在全国财政的比重从 46.8% 下降到 31.6%。而中央财政支出占全国财政支出的比例则达到 50%，中央财政面临较大的财政赤字压力。[①] 为了扭转这一局面，国家从 1994 年起开始了以“分税制”为核心的新一轮财政体制改革，“分税制”改革极大地改变了地方政府的激励机制。林毅夫（2006）指出“分税制”的推出大幅降低了地方政府的剩余索取权，随着财权上收、事权下放，县级政府面临着巨大的财政赤字。[②] 阳敏和王绍光（2006）也指出，1995 年全国 2159 个县级财政中只有 132 个有赤字，占比为 6.1%，而 2002 年全国 2030 个县级行政单位中，出现财政赤字的达到 706 个，加上财政补贴县 914 个，占总比例的大约 80%。[③] 贾康（2006）进一步指出，分税制下基层财政困难的原因在于省级以下分税制的不健全，无法做到事权与财权统一。[④]

分税制改革使地方政府的财政税收收入大幅下降，原有的财政补贴、税收优惠等措施失去支撑，为了刺激经济增长只能依赖于像土地这样的生产要素的大规模投入。所以，在这一时期，我国出现了名目各异的工业园和开发区“囤地”“圈地”现象，导致了耕地数量大幅下滑、城市空间无序扩张、城市用地结构的不合理。1996 年，大多数城市的工业用地比重基本上都在 20% 以上，个别城市的工业用地比重甚至达到 30% ~40%，造成了城市生产和生活用地比例的失调。

在“分税制”改革推进的同时，我国乡镇企业的发展却出现了严重的困难。美国学者白苏珊（Susan H. Whiting）（2009）将分税制改革、国有商业银行改革和要素市场化改革视为中国乡镇企业衰落的重要原因。这三大改革使地方政府无法再利用税收优惠、信贷分配和生产资料的优先供给来支持乡镇企业，使乡镇企业固有的产权不清晰、激励机制缺乏、经营管理水平低下等问题得以暴露，从而

① 李方旺，周富祥，刘金云．财政收入比重持续下降的实证分析及“九五”扭转下降趋势的具体对策［J］．经济研究参考，1996（89）：19 -33.

② 林毅夫．分税制出现问题，有必要进行新一轮税改［J］．创新科技，2006（10）：5 -6.

③ 阳敏，王绍光．中国基层财政之困——专访王绍光博士［J］．南风窗，2006（5）：15 -19.

④ 贾康．正确把握大思路 配套推进分税制——兼与“纵向分两段，横向分两块”的主张商榷［J］．财经论丛，2006（1）：1 -5.

失去了原有的竞争优势。[①] 张军（2002）也指出在乡镇企业发展初期，得益于地方政府在信贷上的支持而迅速实现了资本深化。[②] Li 等（2000）从激励机制角度出发认为，随着产品市场竞争的日益激烈，地方政府只有向经理人让渡企业的剩余索取权，才能激励其降低生产成本，当这种激励效应超过分配效应时，地方政府就会从集体企业中退出。[③] 周其仁（1997）则从要素流动角度出发指出，随着城市企业招工体制、粮食购销体制、户籍管理体制的改革，农村劳动力开始大量向大中城市集中，城市成为中国农村劳动力流动和就业的主要方向。[④] 乡镇企业面临的困难使对于工业用地的需求出现停滞，导致全国各地大量的工业园区出现空置和浪费现象。

在乡镇企业发展陷入困境的同时，国有企业改革也进入攻坚阶段。“分税制”改革使地方政府对国有企业的财政补贴大幅减少，预算软约束消失。随着“抓大放小”“国有企业改制”等市场化取向的国有企业改革措施的出台，出现了国有企业破产、大规模职工下岗的现象，不但使国有企业对工业用地需求下降，而且为了安置破产和下岗职工，国有企业还不得不出让手中的国有土地使用权，增加了工业用地的供给。

“分税制”改革、乡镇企业衰落、国有企业改革使城市对农村剩余劳动力的吸纳能力出现停滞，资源禀赋的回归进程受到严重阻碍，20 世纪 80 年代末积累的城市国有土地“有偿使用”改革的基础发生了重大变化。为了抑制这一时期出现的耕地大幅下滑、城市无序扩张、乱建工业园区和开发区、土地浪费和低效利用等问题，国家开始注意加强对耕地的保护，强调土地利用要向结构合理化、集约化和效益最大化方向转变。市场经济体制构建阶段全国城市建成区面积如图 3.2 所示。

1998 年，全国人大通过了修改后的《中华人民共和国土地管理法》，进一步

---

① ［美］白苏珊（Susan H. Whiting）．乡村中国的权力与财富：制度变迁的政治经济学［M］．郎友兴，方小平译．杭州：浙江人民出版社，2009.

② 张军．改革以来中国的资本形成与经济增长：一些发现及其解释［J］．世界经济文汇，2002（1）：18－31.

③ Li S M，Li S H，Zhang W Y. The Road to Capitalism：Competition and Institutional Change in China［J］. Journal of Comparative Economics，2000，28（2）：269－292.

④ 周其仁．机会与能力——中国农村劳动力的就业和流动［J］．管理世界，1997（5）：81－101.

强化了以用途管制来加强耕地保护。1999 年和 2001 年相继出台《关于加强土地资产管理促进国有企业改革和发展的若干意见》和《关于加强国有土地资产管理的通知》，明确了土地交易市场的功能，规范土地市场交易，大力推行土地有偿使用和招拍挂制度。2001 年 6 月，国土资源部又提出要建立包括城市建设用地总量控制制度、土地使用权公开交易制度、基准地价定期更新制度、土地登记可查询制度等在内的保障土地市场规范运行的制度体系，并随后颁布了《划拨用地目录》，限制土地划拨范围。以"用途管制、总量控制"为特征的新的城市国有土地管理体制使国有土地使用权"有偿使用"改革没有走向土地使用权市场化，而是走向了政府规制的道路。新的国有土地使用权管理模式使城市无序扩张的势头在一定程度上得到了抑制，城市用地结构出现了一定的变化，生活用地比重上升，工业和仓储用地比重轻微下降。但是，随着城市住房体制改革的推进，房地产市场迅速繁荣，成为了经济增长的重要推动力，城市规模扩张的动力依然强劲。

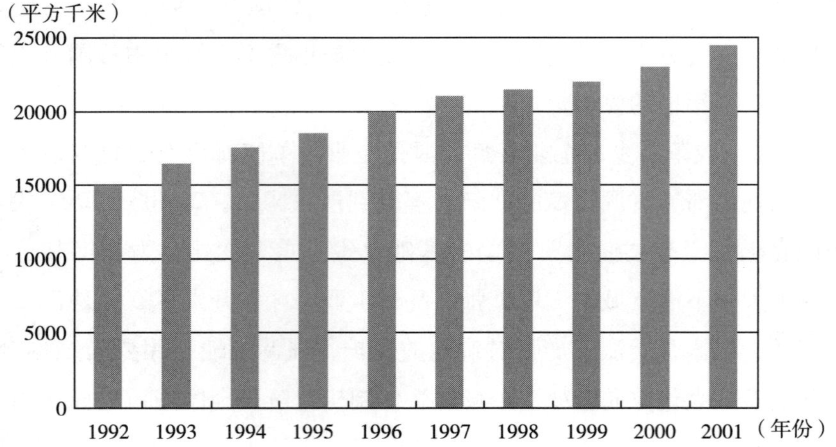

图 3.2　市场经济体制构建阶段全国城市建成区面积

资料来源：历年《中国城市建设统计年鉴》。

这一时期，全国城市建成区面积由 1992 年的 14958.7 平方千米增至 2001 年的 24026.6 平方千米，增长 60.6%。工业增加值也从 1992 年的 10340.5 亿元增至 2001 年的 43855.6 亿元，增长 4.24 倍。[①] 城市工业用地的集约利用效率还在

① 参见国家统计局网站，http://data.stats.gov.cn/。

持续改善，但是从边际上看，改善的幅度开始趋缓。可以看出，中央与地方政府目标的差异，导致了以“分税制”为核心的经济改革显著地改变了地方政府的激励机制，而信息不对称条件下的地方政府的自利行为则成为这一时期城市工业用地集约利用效率的主要影响因素。随着中国经济的快速发展，资源与环境对于经济发展的约束也越来越明显。

3.2.4 社会主义市场经济体制完善时期工业用地集约利用效率及其影响因素

2002 年，党的十六大报告提出我国“社会主义市场经济体制已初步建立”，未来将进入完善社会主义市场经济体制的新阶段。经过多年的培育与发展，我国的土地市场已初步建立了一套具有中国特色的市场化运作体系，市场规模不断扩大。但是在运行过程中也发现了诸如土地市场交易不够规范、用地结构不合理、土地集约利用程度不高、土地利用效率较低等问题。为了解决上述问题，这一时期我国在坚持“用途管制、总量控制”的国有土地使用权管理体制的基础上，一方面继续强调从宏观角度对国有土地的用途和资源配置进行合理安排；另一方面开始注重从微观上提高国有土地的使用效率，进一步规范土地市场建设。

为了控制建设用地总量，对耕地实施特殊保护，2004 年，全国人大通过的《中华人民共和国土地管理法》修正版明确提出，通过编制土地利用总体规划，实行土地用途管制制度。土地利用总体规划制度的出台限制了地方政府通过城市外延式扩张推动经济发展和充实地方财政的空间，迫使地方政府不得不通过内涵式发展实现经济发展。围绕着土地用途管制制度，城市国有土地使用权出让方式出现了从“双轨制”向“多轨制”的转变。对于城市房地产用地采取了市场化的“招拍挂”方式；对于工业用地则采取了“协议转让”方式；[①] 对公共设施及服务用地则采取了“无偿划拨”的方式。对于国有土地使用权出让过程中的“多轨制”现象，相当多的学者认为是我国土地市场发育不完善的体现，认为应通过土地市场化改革，提高土地的集约利用水平（曹飞，2018；吴丽，2014；李

① 国家规定对工业项目用地必须采取招拍挂的方式，并执行全国最低价标准。但在执行过程中，地方政府可以通过规定土地使用用途、资源配置方式等，实现定向转让，其效果与协议出让方式是一样的。

建强、曲福田，2012；等等）。杨继东和杨其静（2016）则指出，基于经济增长业绩的竞争压力则是地方政府出让土地的重要动力来源。[①]

“土地财政”现象从本质上是“分税制”下地方政府追求财政收入最大化的行为。地方政府为了短期内维持一个较高的财政支出水平，可能会通过地方融资平台进行融资，从而导致地方政府债务激增。而地方债务的大幅增加使地方政府面临巨大的财政压力，在税收收入无法满足政府需求时，通过土地出让方式的变化实现收入最大化就成为地方政府的合理选择。在政府垄断一级土地市场以及土地用途管制限制土地自由流动的条件下，信息不对称就成为地方政府实现收入最大化的主要障碍。地方政府要有能力区别不同的土地使用者的价格弹性，根据不同土地使用者价格弹性的差异，制定不同的土地出让策略（价格与税收政策的组合）。

与普通城市居民相比，企业家无疑具有最大的价格弹性。为了实现地方政府收入最大化，地方政府又激励与企业家通过协议出让的方式进行合作（张五常，2008）。[②] 对普通城市居民而言，对于住房的需求近乎刚需，而生活辖区的选择又受到文化习俗、经济发展、公共服务、户籍管理、个人背景等一系列因素的影响，无法完全通过“用脚投票”机制实现，因此普通城市居民是极为缺乏价格弹性的。对于房地产用地的“招拍挂”无疑有利于政府最大化土地出让收入。而对于公共服务用地的“无偿划拨”方式，则有利于降低地方政府财政负担。差异化的土地出让方式在保证地方政府收入的同时，也改变了土地的市场价格和微观主体的激励机制，导致贫富差距扩大和产业结构扭曲。

为了进一步改进和完善“用途管制、总量控制”国有土地管理制度，国家于2004年推出了“城乡建设用地增减挂钩”政策。“增减挂钩”政策是指依据土地利用总体规划，通过建新拆旧和土地整治复垦等措施，保证各类土地面积的平衡，最终实现增加耕地有效面积、提高耕地质量、集约利用建设用地的目标。“城乡建设用地增减挂钩”政策一经提出就受到了很多关注。邱继勤等（2010）通过对重庆地票制度的分析，认为建设用地指标的“双轨制”、农地定价制度空

① 杨继东，杨其静．保增长压力、刺激计划与工业用地出让［J］．经济研究，2016（1）：99－113.
② 张五常．中国的经济制度［M］．香港：花千树出版社，2008.

白、地票增值收益分配机制模糊等是阻碍“城乡建设用地增减挂钩”政策落实的主要障碍。① 谭林丽和刘锐（2014）认为，“增减挂”政策的本质是政府对土地的再分配，而非市场化的资源配置行为。② 周其仁（2014）通过对重庆“地票”制度的持续跟踪和分析，认为“地票”制度成功地将市场机制引入土地资源配置当中，既强化了对耕地的保护，又提高了建设用地的使用效率，实现了政府、农户、企业的三方共赢，是一个“了不起的制度创新”。③

这一阶段，随着有关土地集约利用政策的出台，乱建开发区、土地浪费和低效利用的现象得到初步扭转。国土资源部发布的历次《国家级开发区土地集约利用评价情况通报》显示，截至2017年底，全国国家级开发区的综合容积率为0.94，比2008年提高了0.13；建筑密度为31.58%，比2008年提高了5.4%；工业用地综合容积率为0.90，比2008年提高了0.14；开发区工业用地地均固定资产投资为8306.45万元/公顷，比2012年增加2899.14万元/公顷。市场经济体制完善阶段全国城市建成区面积如图3.3所示。

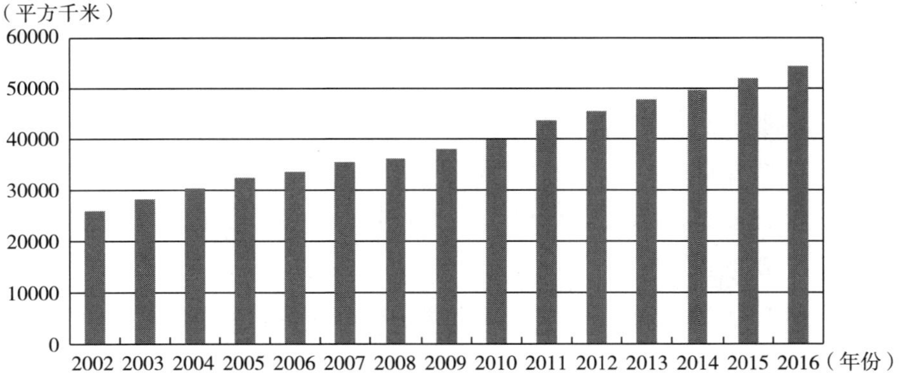

图3.3 市场经济体制完善阶段全国城市建成区面积

资料来源：历年《中国城市建设统计年鉴》。

① 邱继勤，邱道持，石永明．城乡建设用地挂钩指标的市场配置［J］．城市问题，2010（7）：65－69.

② 谭林丽，刘锐．城乡建设用地增减挂钩：政策性质及实践逻辑［J］．南京农业大学学报（社会科学版），2014（5）：76－83.

③ 周其仁．土地制度改革有四方面值得关注［J］．理论学习，2014（10）：36－37.

这一时期，全国城市建成区面积由2002年的25972.6平方千米增至2016年的54331.5平方千米，增长109.2%。而工业增加值从47776.3亿元增加到247877.7亿元，增长5.19倍。[①] 与上一阶段相比，城市工业用地的集约利用效率出现了一定程度的下滑，人多地少的资源禀赋与经济发展之间的矛盾日益激化。可以看出，这一时期，政府目标选择与微观主体激励机制的变化成为阻碍我国城市工业用地的集约利用效率进一步提高的主导因素。激励机制的变化显著地改变了资源的配置方式，对资源的使用效率构成影响。随着资源环境对经济可持续发展约束的进一步强化，如何设计一套有效的激励机制是在现在土地管理制度下持续推进我国城市工业用地集约利用效率提升的关键。

3.3 本章小结

首先，本章对城市工业用地集约利用效率的概念和内涵进行了分析，指出城市工业用地的集约利用效率实际上是将集约利用和效率两个概念进行的有机结合。集约利用是一种不同生产要素的资源配置方式，而效率则是一种投入产出关系的表现。一种资源配置方式是否合理，只有通过对于这种方式的效率检验才能加以确认。通过本章对城市工业用地集约利用效率内涵的分析，为后面理论分析的展开奠定了概念上的基础。

其次，本章对我国不同时期城市工业用地利用效率的演进路径及影响因素进行梳理和分析。通过分析发现，无论在任何一个时期，资源禀赋、政府目标和激励机制设计都是影响我国城市工业用地集约利用效率的主要因素，而未来城市工业用地集约利用效率的演变也必将沿着这一主线继续推进。要实现城市工业用地利用效率的持续提升，离不开对这三种主要因素的综合考虑和统筹安排，这就为本书后面的分析提供了一个有益的参考和历史背景。

① 参见国家统计局网站，http://data.stats.gov.cn/。

第 4 章　信息不对称对城市工业用地集约利用效率的影响机理分析

——“土地配给”假说的提出

从上一章对城市工业用地集约利用效率历史演进规律的分析可以看出，政府行为目标、资源禀赋和激励机制对城市工业用地集约利用效率具有重要影响。而激励机制的设计又对政府行为目标的实现以及资源禀赋的发挥起着重要作用。因此，为了进一步提高城市工业用地集约利用效率，必须要注重激励机制对资源配置的影响。有鉴于此，本章提出了一个基于信息不对称的“土地配给”假说。首先分析信息不对称对资源配置的作用机理，进而分析资源配置变化对城市工业用地集约利用效率的影响机制。

4.1　问题的提出

从前面的分析中可以发现，我国目前的工业用地集约利用效率与国际先进水平还存在一定的差距。经济学基本原理认为，市场会实现资源的优化配置，只要边际收益大于市场收益水平，投资强度上升，会提高工业用地集约利用效率，直到边际收益与市场收益水平相等。因此，一直以来社会上都存在一种呼声，希望通过不断提高投资强度来提升工业用地的集约利用效率。但是从实际情况来看，政府并没有采取提高投资强度这种单一的方式，而是根据企业家投资项目的具体情况来决定工业用地的出让价格和数量。

解释这种现象的一种方法是将它与政府的行为联系起来，政府可以通过调节土地供给数量来影响投资强度。一种观点认为，政府出让工业用地的主要目的是通过招商引资来培植新的税源（陶然等，2009；李学文和卢新海，2012；赵文哲和杨继东，2015）。然而更为主流的观点是，地方政府通过廉价出让工业用地来参与招商引资竞争，推动辖区经济增长，以便在晋升竞争中取得优势（张莉等，2011；杨其静等，2014；雷潇雨和龚六堂，2014；Wu et al.，2010；付敏杰等，2017）。但是正如刘凯（2018）所指出的，由于上述分析并没有将制度因素纳入分析框架中，因而忽略了制度差异对投资强度的影响。张五常（2008）则从合约结构角度出发，认为现有的工业用地出让合约实质上是企业家和地方政府签订的一份分成合约。在地区竞争条件下，投资强度要受到政府与企业家的分成比例和项目收益水平双重因素的影响。但需要指出的是，在张五常的分析框架中并没有考虑信息结构对激励机制的影响。

从我国现行的土地出让合约结构来看，政府在进行土地出让时，要考虑两个收入：土地出让收入和由此带来的税收收入。与土地出让收入不同，税收收入是在土地出让合约签订之后才发生的，因此企业家有可能夸大项目的未来收入水平或者选择那些风险较高（收益较大）的项目，在追求自身收益最大化的同时降低政府收益。在一个信息完美且无成本的世界里，政府会准确地将企业家可能选择的行为都写进合同里进行规定，从而在保证政府收益的同时，实现土地的有效配置。但是在信息不对称条件下，由于政府无法直接控制企业家的行为，所以政府会想办法设计土地出让合同的条款，让这些条款引导企业家采取符合政府利益的行为。因此，对于政府而言，在信息不对称条件下持续提升投资强度可能并不是最优的选择。

本书提出“土地配给”假说的目的是证明土地配给有可能是作为一种均衡而存在的。地方政府在决定土地供给时关心两点：投资强度和项目风险。然而投资强度本身有可能会影响到项目风险。它可以通过对潜在的企业家进行分类（逆向选择作用）或者影响企业家的行为（激励机制作用），这两种作用都来自于地方政府与企业家之间对于项目风险的信息不对称。当价格对交易的性质构成影响时，它就无法使市场出清了。

在现有土地出让分成合约结构下，土地需求和土地供给都是投资强度的函数。对于企业家而言，在边际技术替代率递减规律作用下，投资强度上升会降低企业家收益率，导致对土地需求减少。而对于政府而言，一方面当投资强度上升时，受边际技术替代率递减规律作用，政府收益率下降，土地供给减少；同时投资强度上升会诱使企业家选择风险更低（收益更低）的项目，进一步降低政府收益率，使土地供给以更大幅度下降，从而出现土地需求大于土地供给的现象。传统的分析认为，如果土地需求大于土地供给，那么那些没有获得土地的企业家将愿意接受更高的投资强度要求，减少土地需求，直至土地供求平衡。但是在信息不对称条件下，政府并没有意愿把土地出让给那些愿意接受更高投资强度要求的企业家。在政府看来，这些企业家很可能无法给政府带来不低于市场水平的收益，因此并没有竞争性的力量去促使土地供求平衡，土地配给就出现了。

本书并不认为土地的配置总是以土地配给为特征，但是在对政府和企业家行为合理假设条件下，土地配给是有可能发生的。本书认为当出现如下情况时，可以称之为土地配给：①在一些看起来没有差别的企业家之间，有的人获得了土地而有些人没有，而那些被拒绝的企业家即使愿意承诺更高的投资强度，还是无法获得土地；②存在一批特定的企业家，在给定土地供给的条件下他们不可能以任何投资强度的承诺获得土地，但随着土地供给增加他们可能获得土地。

4.2 模型的设定

现代经济学研究方法强调从个人效用函数及其激励约束条件出发，即从一定激励约束条件下个人效用最大化问题，推导出不同利益相关方的行为及均衡结果。为了更好地对模型的建立基础进行说明，本章将对模型所涉及的地方政府和企业行为目标、生产函数关系、信息结构选择等加以说明。由于一般情况下，对于企业的行为特征都是假定其追求利润最大化，所以本章将主要讨论地方政府的行为目标选择。

4.2.1 地方政府行为目标的设定

通常情况下，地方政府的行为目标被设定为促进地方公共利益的提高，实现地方经济增长以及更好地服务于中央政府实现管理职能。为了实现上述目标，地方政府可以采取包括资源配置、收入分配、干预经济等在内的行为。

自改革开放以来，尤其是1994年分税制以后，以分权制为特征的政府治理结构作为我国地方政府的主要特征已经被确定下来。在分权制度安排下，要鼓励地方政府有效地履行其职责，就必须设计合理的激励机制和约束机制，引导地方政府追求合理的利益。以 Tiebout（1956）、Musgrave（1959）和 Oates（1972）等为代表的第一代财政分权理论对如何在不损害中央和全国公共利益的同时追求地方公共利益进行深入的分析。

公共选择理论则从激励机制角度出发，强调不能忽视地方官员个人偏好的作用，不能先验性地排除地方政府官员可能的“经济人”的行为。地方政府作为一种特殊组织的行为与组织中的个人行为是互相影响和制约的。自科尔奈提出软预算约束的概念以来，软预算约束被认为是转轨国家要素配置效率低下的主要原因。Dewatripont 和 Maskin（1995）进一步将软预算约束归纳为一定激励约束条件下支持体与预算约束体之间形成的一种纳什均衡。要提高经济效率，就必须改变原先的激励约束条件，即创造一种制度使事后不对企业进行补贴或再贷款的承诺变得可置信。Qian 和 Roland（1998）、Qian 等（1999）、Qian 和 Xu（1993）等从软预算约束角度出发，认为分权制有助于硬化地方政府的预算约束，鼓励地方经济增长。但1994年的分税制改革实践却显示，地方政府在事权大幅增加、财权大幅萎缩、事权与财权极不对称的情况下，却始终保持了较高的财政支出水平。根据国家统计局公布的有关数字，分税制以来地方政府财政收入占全国财政收入的比例一直保持在40%～50%；而同期地方政府的财政支出占全国财政支出的比例始终保持在70%以上。周黎安（2004，2007）、傅勇和张晏（2007）等从“政治锦标赛”理论出发，认为以 GDP 为代表的地方经济发展考核指标，鼓励地方官员“为经济增长而竞争”，政治激励与经济激励的结合共同促进了地方经济的发展。财政收入与支出的巨大差距，使地方政府背负了巨大的财政赤字，导致了地方政府对预算外收入的依赖。土地双轨制的存在使地方政府有了一个稳定的预算外收入来源，出现了所谓“土地财政”现象。

这里需要考虑的另一个问题是，地方政府是否会在土地的即期收益和中长期收益之间进行权衡，即地方政府会为了土地的长期收益而牺牲短期收益吗？由于我国对地方官员的任用采用的是有限任期制，在“政治锦标赛”的激励下，地方官员的升迁与其任期内的经济表现密切相关。虽然本书不否认对于一些特殊项目存在着为了长期利益牺牲短期收益的现象，但是从整体上而言，地方政府为了长期利益而牺牲短期收益的空间到底有多大？这个显然需要进一步的思考。在我国现有土地管理制度下，土地即期收益与长期收益之间的权衡，似乎更多地体现为中央政府与地方政府之间的博弈。例如，地方政府往往存在提前使用未来年度土地使用指标来支持当期经济增长的倾向。

综上所述，政治激励以及预算软约束的存在使地方政府有意愿维持一个较高的支出水平，而财政支出的扩张迫使地方政府不得不寻求财政收入的相应增长。从我国地方政府的收入结构来看，主要包括预算内收入（正规税收收入）和预算外收入（土地出让收入）两部分。分税制在限制地方政府的正规税收收入增加的同时，迫使地方政府形成了对土地出让收入的依赖。与公共用地相比，工业用地的公共服务属性较弱，虽然出于产业发展考虑，地方政府对个别重大项目的工业用地有优惠措施。但是从总体上看，地方政府在决定工业用地的资源配置时，是以追求政府收入最大化为主要目标的。同时，为了简化分析的复杂程度，突出本书的研究重点，暂时不考虑中央政府与地方政府博弈对资源配置的影响。因此，本章在设定地方政府行为目标时，假定以地方政府收入最大化，即税收收入与土地出让收入之和最大化为目标。

4.2.2 生产函数的设定

通常情况下，生产函数是指一定技术条件下投入与产出之间的关系，但在处理实际的经济问题时，生产函数就不仅表示投入与产出之间的对应关系，更要受到生产技术与制度的制约。目前在有关生产函数的研究中，使用最广泛的是柯布－道格拉斯生产函数。从表现形式来看，柯布－道格拉斯生产函数存在规模递增、规模不变、规模递减三种形式。由于规模递增与边际成本定价是不相容的[①]，因此一般情况下，生产函数都选择规模不变或规模递减形式。由于规模不变与规模递减生产函数在函数性质方面较为相似，因此本书选择规模不变生产函数作为分析的基础。

在柯布－道格拉斯生产函数中，产出主要由生产要素的数量、结构以及技术水平决定。有关技术对产出作用的分析，最早可以追溯到 Solow 对经济增长的研究。Solow（1956）认为，从长期来看技术进步是国家经济增长的唯一因素。[②] 但是在 Solow 的模型中，技术被作为了一个纯外生变量，因此没有对技术进步的机理进行分析。随着内生增长理论的崛起，技术进步开始被逐渐内生化。Romer（1986）、Lucas（1989）、杨小凯（1991）分别从不同角度探讨了资源配置对技术进步的影响。因为本书主要关注的是生产要素结构与产出之间的关系，为了突出本书的研究目的，在这里选择了 Solow（1956）对技术的假定，即技术是一个纯外生变量。

长期以来，新古典生产函数都被批评是一个“黑箱”。这主要是因为新古典生产函数关注的是生产要素与产出之间的技术关系，而忽视了生产要素配置背后的激励问题。从科斯（1937）提出“企业的性质”问题以来，有大量的学者对这一问题进行了跟进研究。从目前的研究成果来看基本已经形成共识，即企业产生的原因主要是交易成本的存在[③]，使收入分配与资源配置分离。为了提高资源的使用效率，因此出现了企业这种组织形式。由此可见，要提高资源的使用效率，就必须考虑收入分配对资源配置的影响，即激励机制的设计。

城市工业用地集约利用效率就其实质而言就是资源要素的配置问题。从本书第 2 章的文献综述中，可以看出现有的关于土地集约利用效率的研究大多从生产函数角度，即探讨要素投入水平、要素结构、技术进步等因素对土地集约利用效

---

① 有关规模递增的原因，本书在第 2 章第 2.1.4 节土地报酬递减规律中做了较为详细的描述，此处不再重复。

② Solow R M. A Contribution to the Theory of Economic Growth［J］. The Quarterly Journal of Economic, 1956, 70（1）: 65－94.

③ 对于交易成本目前并没有一个统一的定义。有人将其解释为讯息费用，有人将其解释为制度费用，但对其作用的理解是一致的。

率的影响[①]，而较少考虑到制度（交易成本）对土地集约利用效率的影响。张五常最早将制度因素引入对土地利用效率的研究当中，对契约的选择、激励机制（产权）与土地利用效率的关系做出了开创性的贡献。[②] Stiglitz（1974）则在其经典论文中构建了一个一般性的理论框架，将契约选择与风险分担的关系进行了数学化，为其后有关土地利用效率的研究奠定了一个坚实的数理基础。[③] 在他们的研究中，激励机制（产权）、风险（交易成本）对于生产要素的配置发挥着重要且不可替代的作用。

张五常（2008）提出了一个基于地区竞争的分成模型理论来解释中国的资源配置与工业增长。他敏锐地意识到，在地区竞争制度下地方政府的收入来自于预算内收入（税收）和预算外收入（土地出让）两部分。在中国特色的土地管理制度下，地方政府要促进本地区的经济增长，就必须实现土地资源的有效配置。在风险（交易成本）的约束下，地方政府选择了一种类似于分成的方式与企业家合作，以增值税为主的税率充当了一个固定的分成比例，而土地的出让价格则充当了一个浮动费用。在税率不变的条件下，地方政府可以通过调节土地出让价格保证政府收益，而企业则可以通过一种类似市场竞争的方式，在不同地区之间进行比较，追求自身利益的最大化。

张五常的理论将收入分配和资源配置有效地联系到一起，论证了地方政府是如何在追求自身收入最大化的同时促进地方经济增长的，为理解分税制后地区竞争与经济增长的关系提供了一个崭新的视角。但是这一理论也存在如下问题：第一，张五常的理论并没有对地方政府的效用函数（政府目标）进行有效论证。只是简单地将地方政府的目标设定为实现经济增长，缺乏坚实的理论基础，因此在面对由地区竞争所引发的过度投资、重复建设等地方政府短期行为时缺乏解释力，遭到了很多的批评，而“政治锦标赛”理论则对此做出了很好的解释。第二，激励机制的有效性主要表现为交易成本的节约，而交易成本的变化很明显要

---

① 现在有相当多的文献从产业结构角度分析土地利用效率。需要指出的是，产业结构并不是外生的，一个地区的产业结构是由当地的资源禀赋、市场环境（交易成本）等因素内生决定的。

② 张五常．佃农理论：应用于亚洲的农业和台湾的土地改革［M］．北京：中信出版社，2000.

③ Stiglitz J E. Incentives and Risk Sharing in Sharecropping［J］. Review of Economic Studies，1974，41（2）：219－255.

受到信息结构的影响。在政府分成模型中，张五常并没有对政府分成模型所需的信息结构进行充分说明，只是假设风险（交易成本）是外生的，无论政府还是企业都无法对风险产生影响。而在现实当中，信息结构的差异会明显地影响风险在政府和企业之间的分配，使政府和企业的激励机制产生变化，而这种激励机制的变化会进一步使资源配置发生扭曲，降低资源的使用效率。由于在现行的土地出让制度下，地方政府缺乏有效的事后谈判的条件，所以企业有动机通过夸大未来的收益（低估可能的风险）压低土地价格（圈占更多土地），争取更多的自身利益。

本书主要研究的是信息不对称条件下资源配置对工业用地集约利用效率的影响。为此，本章将选择 Stiglitz（1974）的生产函数模型作为基本模型，通过引入不同的信息结构假设，研究信息不对称对资源配置的影响，为了解我国的工业用地的配置方式提供一个新的理论解释框架。

4.2.3 信息结构的设定

在 Stiglitz（1974）的模型中，假定风险是外生，即风险与投入无关，但与产出有关。之所以 Stiglitz 做出如此假定主要有两个原因：第一，要素是同质的。因为土地是同质的，所以地主没有欺骗的动机；因为劳动力是同质的，所以劳动力也没有欺骗的动机。第二，劳动力可以自由流动。劳动力的自由流动，自然会使劳动的回报与市场回报水平相等，实现资源的优化配置。而在我国现行的土地出让制度下，虽然资本是可以自由流动的，土地市场也存在一定的竞争，但是企业（项目风险）却不是同质的。企业的非同质性使企业有动力通过夸大项目收益来获取利益，因此风险外生的假定并不适用于本书的研究目的。

与风险有关的信息结构一般可分为两种：信息不完美和信息不对称。在信息不完美的条件下，政府和企业对于自己的未来收益不完全确定，所以可能会降低政府和企业的投入水平。当然通过合理的激励机制设计，使政府和企业间实现有效的风险分担，可以使不同激励机制下的不同要素的投入水平和结构不受影响，即不会出现资源的浪费和低效利用问题，这也就是风险外生假定的内在原理。

但信息不对称则是另外一种情况。信息不对称条件下，政府和企业对于各自未来收益的判断是不一致的。如果企业是同质的，那么政府可以通过引入竞争的方式，无偿获得企业内部信息，从而实现自身利益最大化。但是在企业异质条件下，信息不对称使竞争的作用大打折扣。企业作为信息优势一方，可以凭借自身的内部信息，通过欺骗来获取利益。风险越大，企业欺骗的动机就越强，即企业可能出于欺骗的考虑而主动选择那些高风险的项目，也就是所谓的道德风险和逆向选择问题。因此，对于处于信息劣势一方的政府而言，则需要通过有效的机制设计（激励相容）和甄别工具的选择（信号显示）来降低可能的损失。与信息不完美不同，信息不对称会导致资源配置出现一定的扭曲，使社会整体福利损失和资源浪费，即信息结构的变化会影响到资源配置效率。

信息不完美和信息不对称往往是同时存在的，但从本书的研究目的出发，本章将重点考察信息不对称条件下的资源配置变化对工业用地集约利用效率的影响，暂时不考虑信息不完美的作用。需要强调的是，研究认为信息不对称条件下，信息结构的变化会同时对生产函数和风险（交易成本）产生影响，即产出曲线发生移动，并在此基础上，提出一个关于工业用地集约利用效率的假说。

4.3 基于信息不对称的“土地配给”模型构建与作用机理分析

本节将建立一个关于土地配给的均衡模型。在这个市场均衡中，存在多个土地的供给方（政府）和多个潜在的土地需求方（企业家）。企业家和政府都在追求自身利益最大化，前者通过选择项目，后者通过收取土地出让金和税收收入获利。显然，这个均衡并不是一个所谓“价格接受者均衡”。从地区竞争的角度来看，这实际上是一个竞争均衡，政府间竞争的一个方式是通过对投资强度的选择进行的。

4.3.1 投资强度对土地配给的作用机理

4.3.1.1 投资强度作为甄别工具的作用机理

在经济中有两种人：政府（拥有土地，但是不参与企业经营）和企业家

（没有土地，但是拥有资本，负责企业的经营）。对于每一个项目而言，产出 Q 是政府投入土地 L 和企业家投入资本 K 的随机的规模不变函数：

$$Q=F(K,\ L) \tag{4.1}$$

式（4.1）暗含的假定是，项目产出与生产所使用的技术无关。进一步假定项目的总投资为 M，其中资本所占的比重为 a，而土地所占的比重为 $1-a$。设 F 为一次齐次函数，所以可以将式（4.1）变为：

$$\frac{Q}{M}=aF\left(1,\ \frac{1-a}{a}\right) \tag{4.2}$$

其中，Q/M 代表着项目的收益率，而 $(1-a)/a$ 代表投资强度的倒数，即每单位资本所对应的土地数量，可以看出项目收益率实际上是投资强度的一个函数。

设 $R=Q/M$，$l=(1-a)/a$，则可得：

$$R=\frac{f(l)}{1+l} \tag{4.3}$$

对于一个可行的生产函数，产出一定大于投入，即 $R\geqslant 1$，可得，$f(l)\geqslant 1+l$。更进一步地，假设 f 为关于 l 的递增凹函数，即：

$$f'>0,\ f''<0 \tag{4.4}$$

下面考虑项目的风险状况。由于政府和企业家在项目中所处的地位不同，他们对于项目风险的认知会存在明显的差异，而企业家往往会处于相对信息优势的地位。[①] 在这里着重关注的是投资强度作为区分项目投资风险大小的甄别工具的角色。假设政府能够区分具有不同平均回报的项目，从而使我们相信政府在进行决策时，面对的都是具有相同平均回报的项目，但是政府并不清楚每一个项目的风险有多大。因此，政府在选择项目时，除了项目的回报水平外，还会关注项目的投资风险。然而在信息不对称的条件下，回报水平本身就可能影响到项目的投资风险。

为了简单起见，假定有多个投资项目，每个投资项目存在两种可能：成功或

① 风险一般来说可以分成两类：一类是由于外部的不确定给所有投资者带来的共同的损失；而另一类则是由于投资者之间信息不对称所导致的风险分布的不均衡。对于前者已经有大量文献进行讨论，而这里所强调的其实是后者。

失败。如果成功，则获得收益率 $R>0$；如果失败，则收益率为0。由于所有的项目具有相同的均值 T，并且政府知道 T。那么，如果假定 $p(R)$ 为项目成功的概率，则：

$$p(R)R=T \tag{4.5}$$

也就是说，项目成功时的收益率 R 越高，则项目成功的概率 p 越低。

这里将主要讨论信息不对称对产出分配的影响，沿用张五常（2008）的假设①，即政府与企业家之间实际上是一个合作分成关系。假设政府的固定税收比率为 $1-\alpha$，$1\geqslant\alpha\geqslant0$；而土地出让收入为 βL，β 为土地价格补偿系数。需要说明的是，β 代表的是政府以低于或高于市场价格 β 倍的价格，将土地出让给企业家。如果 $\beta<0$，意味着企业家除了要向政府交纳相应的税收分成收入以外，还要以高于市场价格的水平向政府购买土地；而 $\beta>0$，则意味着企业家可以以低于市场的价格向政府购买土地，即政府对企业家进行了一定的补偿。一般认为我国现行的增值税税率要大于市场的平均利润水平，因此 $\beta>0$ 的现象比较普遍。在税收分成比例不变的条件下，可以得出 $\beta'_l<0$。

在软预算约束的条件下，政府面临着支出压力，因此假定政府以收入最大化为目标。由于土地出让是先于税收发生的，也就意味着企业家有动力夸大项目收益或隐瞒项目风险，试图获得更多的前期收益。而政府则希望根据项目的真实风险水平，决定土地出让的价格和数量。

设 Y_k 为企业家的期望收入，R_k 为企业家的投资收益率，那么：

$$\begin{aligned}Y_k&=p(\alpha Q+\beta L)+(1-p)\beta L\\&=p\alpha Q+\beta L\end{aligned} \tag{4.6a}$$

将式（4.5）代入，整理后可得：$Y_k=\alpha TM+\beta L$

$$R_k=\frac{Y_k}{K}=(1+l)\alpha T+\beta l=l\left[\alpha p\frac{f(l)}{l}+\beta\right] \tag{4.6b}$$

同样，设 Y_l 为政府的期望收入，R_l 为政府的投资收益率，那么：

$$Y_l=p[(1-\alpha)Q-\beta L]-(1-p)\beta L$$

① 在张五常（2008）的模型中，主要考虑到增值税是我国现行的第一大税种，因此将增值税率作为分成比例。随着近年来“营改增”的不断推进，增值税在国家税收收入中的比重还在上升，因此，本书沿用张五常的假设，将增值税税率作为税收分成的比例。

$$=p(1-\alpha)Q-\beta L \tag{4.7a}$$

将式（4.5）代入，整理后可得：

$$Y_k=(1-\alpha)TM-\beta L$$

$$R_l=\frac{Y_k}{L}=\frac{(1-\alpha)(1+l)T}{l}-\beta=(1-\alpha)p\frac{f(l)}{l}-\beta \tag{4.7b}$$

在这里其实暗含了一个关于破产成本的假设。如果项目失败，则企业家将损失全部投资，即投资强度与破产成本呈正相关关系。这一点是非常关键的，因为当企业家觉得项目风险过大时，是不愿意接受高投资强度的。而正是因为这一原因，使政府有可能通过信号甄别来降低风险。

设 $\frac{f(l)}{l}=x$，则可以将式（4.6b）和式（4.7b）改写为：

$$R_k=\frac{Y_k}{K}=(1+l)\alpha T+\beta l=l[\alpha px+\beta] \tag{4.8a}$$

$$R_l=\frac{Y_k}{L}=\frac{(1-\alpha)(1+l)T}{l}-\beta=(1-\alpha)px-\beta \tag{4.8b}$$

由式（4.8b）可知，对于政府而言，实际就是选择一个合约（x，β），使政府收入最大化。由于对于每一个 x，政府都会寻求一个最小的 β，因此可得：$\beta=\beta(x)$。与此同时，由式（4.8a）可知，而企业家的决策则更为复杂。为了实现收益最大化，除了合约（x，β）的选择以外，企业家还需要决定 l 的水平。Stiglitz（1974）在其经典论文中已经证明，在信息对称的条件下，市场竞争会存在一个合约（x，β，l），使市场实现均衡。但是在信息不对称条件下，由于企业家是信息优势一方，所以企业家有可能通过（x，β，l）的选择，获得高于均衡水平的收益。

假设对于企业家而言，项目的成功概率 p 是已知的，税收分成比例 $1-\alpha$ 是由中央政府统一制定，可以假定在一段时间保持不变。对式（4.8a）求关于 l 的偏导，可得：

$$\frac{\partial R_k}{\partial l}=\alpha px+\beta>0 \tag{4.9}$$

也就是说，**随着投资强度的增加（即 l 降低），企业家的投资收益率 R_k 呈下降趋势**。这与边际技术替代率递减规律是一致的。

用 W 表示市场均衡时的市场收益率，由于企业家进行了数量为 K 的投资，所以其有理由获得一个期望收益率 $R_k \geqslant W$，即 $R_k = l\ [\alpha px + \beta]\ \geqslant W$，由此可知存在一个临界的成功概率 p^*，当 $p \geqslant p^*$ 时，企业家才愿意继续投资。根据上式，p^* 的定义为：

$$p^* = \frac{W - \beta l}{l\alpha x} \tag{4.10}$$

对式（4.10）求导，可得：

$$\frac{\partial p^*}{\partial l} = -\frac{W}{\alpha x l^2} < 0 \tag{4.11}$$

也就是说，**随着投资强度的增加（即 l 降低），企业家可接受项目的临界成功概率 p^* 是上升的，项目的风险降低。**这与在前文中有关破产成本的假设是一致的。

假设项目成功的概率 p 在［0，1］区间上的密度函数为 $f(p)$，分布函数为 $F(p)$，那么所有投资项目的平均成功概率为：

$$\bar{p}(l) = \frac{\int_{p^*}^{\infty} pf(p)dp}{\int_{p^*}^{\infty} f(p)dp} = \frac{1 - \int_0^{p^*} pf(p)dp}{1 - F(p^*)} \tag{4.12}$$

因为 $\partial p^*/\partial l < 0$，所以：

$$\frac{\partial \bar{p}}{\partial l} = \frac{-p^* f(p^*)\frac{\partial p^*}{\partial l}[1 - F(p^*)] - \left[1 - \int_0^{p^*} pf(p)dp\right]\left[-f(p^*)\frac{\partial p^*}{\partial l}\right]}{[1 - F(p^*)]^2}$$

$$= \frac{f(p^*)\frac{\partial p^*}{\partial l}}{[1 - F(p^*)]^2}\left[1 - p^* + p^* F(p^*) - \int_0^{p^*} pf(p)dp\right] < 0 \tag{4.13}$$

也就是说，**投资强度越大（即 l 降低），项目的平均质量越高，风险越低。**

直观来讲，由于企业家更熟悉项目的实际情况，投资强度的增加意味着企业家释放出的一个关于项目成功概率的信号。项目成功的概率越高，企业增加投资强度的意愿越强。另外，由于边际技术替代率递减规律的作用，投资强度的增加虽然预示着项目成功概率的上升，但也同时伴随着投资收益的下降，即存在着一定的逆向选择效应。因此，企业家在进行项目选择时，会综合考虑这两种因素的作用。

正如在前面所强调的，政府的期望收益率不仅取决于项目的收益水平，而且取决于项目的成功概率。如果政府满足企业家的要求，则政府的期望收益率 $\bar{\pi}(l)$ 为：

$$\bar{\pi}(l) = \frac{\int_{p^*}^{\infty}[(1-\alpha)px - \beta]f(p)dp}{\int_{p^*}^{\infty}f(p)dp}$$

$$= \frac{\int_{p^*}^{\infty}(1-\alpha)xpf(p)dp}{\int_{p^*}^{\infty}f(p)dp} - \frac{\int_{p^*}^{\infty}\beta f(p)dp}{\int_{p^*}^{\infty}f(p)dp}$$

$$= (1-\alpha)x\bar{p}(l) - \beta \tag{4.14}$$

也就是说，政府的期望收益率等于项目成功时的政府的收益率乘以项目的平均成功概率。

对式（4.14）求导，整理后可得：

$$\frac{\partial \bar{\pi}}{\partial l} = (1-\alpha)x'\bar{p}(l) - \frac{\partial\beta}{\partial l} + (1-\alpha)x\frac{\partial \bar{p}}{\partial l} \tag{4.15}$$

其中，等式右边前两项代表的是投资强度变化所带来的收入效应。由于 $f(l) > l$，且 $f'(l) > 0$，所以 $x' > 0$，因此等式右边第一项为正，表示 l 每增加一个单位（即投资强度降低一个单位），政府的税收分成收益会增加 $(1-\alpha)x'\bar{p}(l)$ 个单位。而前面已经证明，当 α 保持不变时，β 是关于 l 的减函数，即 $\beta'(l) \leqslant 0$，因此第二项为正，表示 l 每增加一个单位，政府给予企业家的土地价格补偿系数会降低 $\frac{\partial\beta}{\partial l}$ 个单位，意味着政府给予企业家的补偿会相应减少。等式右边前两项的变化其实就是边际技术替代率递减规律的表现。随着 l 的增加，政府收益率在上升，但边际上是递减的。等式右边第三项代表的是投资强度变化的风险效应。因为 $\frac{\partial \bar{p}}{\partial l} < 0$，所以第三项是负值，表示 l 每增加一个单位，则项目的成功概率下降 $|\partial \bar{p}/\partial l|$ 个单位，期望收益下降 $(1-\alpha)x\frac{\partial \bar{p}}{\partial l}$ 个单位。

通过上述分析，可以发现政府的期望收益率 $\bar{\pi}$ 与 l 之间其实是类似于一种倒

“U”形的关系。早期由于收入效应大于风险效应，随着 l 的增加，政府的期望收益率不断上升，此时 $\partial \bar{\pi}/\partial l > 0$。但随着边际技术替代率递减规律作用的不断加深，$l$ 持续增加所带来的收入效应逐渐降低，而风险效应在逐渐上升，此时，政府期望收益率将逐渐逼近和达到最大值。而随着 l 的进一步增加，风险效应将超过收入效应，由此导致政府的期望收益率反而出现下降趋势，即 $\partial \bar{\pi}/\partial l < 0$。

从图 4.1 中可以看出，对于任意一个政府的期望收益率 $\bar{\pi}$ 都存在两个可能解 l^a 和 l^b。由于在 l^b 点政府所投入的土地数量要大于在 l^a 投入的土地数量，所以理性预期下政府肯定排除较大的 l^b 点，而选择较小的 l^a 点。因此，对于政府而言，只有倒“U”形曲线的左半部分才是政府可能选择的范围。

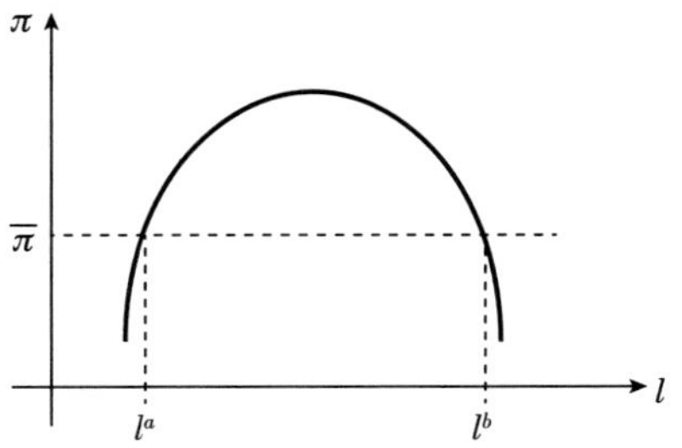

图 4.1　投资强度与政府期望收益率

对于企业家而言，投资收益率实际上代表着对土地的需求。收益率越高，对土地的需求就越大；反之，则代表对土地的需求下降。而对政府来说，期望收益率则代表着土地的供给水平。期望收益率越高，则政府有动力增加土地供给；反之，则会减少对土地的供给。而土地配给实际上就是一种土地需求大于土地供给的现象。

用企业家收益率与政府期望收益率的差来表示土地配给水平。根据式（4.8a）和式（4.14）并代入式（4.5）整理后可得：

$$R_k - \bar{\pi} = l[\alpha px + \beta] - (1-\alpha)\bar{p}x + \beta = \alpha T(1+l) + (1+l)\beta - (1-\alpha)\bar{p}x \quad (4.16)$$

对式（4.16）求关于 x 的偏导数，可得：

$$\frac{\partial[R_k - \bar{\pi}]}{\partial x} = (1+l)\frac{\partial\beta}{\partial x} - \left[(1-\alpha)\bar{p} + (1-\alpha)x\frac{\partial\bar{p}}{\partial x}\right] \quad (4.17)$$

根据 $\beta(x)$ 的定义，对式（4.14）求关于 x 的偏导数，可得：

$$\frac{\partial \bar{\pi}}{\partial x}=(1-\alpha)\bar{p}+(1-\alpha)x\frac{\partial \bar{p}}{\partial x}-\frac{\partial \beta}{\partial x}=0$$

即：

$$\frac{\partial \beta}{\partial x}=(1-\alpha)\bar{p}+(1-\alpha)x\frac{\partial \bar{p}}{\partial x} \tag{4.18}$$

将式（4.18）代入式（4.17）中，整理后可得：

$$\frac{\partial[R_k-\bar{\pi}]}{\partial x}=l\frac{\partial \beta}{\partial x} \tag{4.19}$$

因为，$x'>0$，$\beta'_l<0$，所以$\frac{\partial \beta}{\partial x}<0$，即$\frac{\partial\ [R_k-\bar{\pi}]}{\partial x}<0$。进一步可得：

$$\frac{\partial[R_k-\bar{\pi}]}{\partial l}=\frac{\partial[R_k-\bar{\pi}]}{\partial x}\times x'<0 \tag{4.20}$$

式（4.20）具有重要的经济学意义。它表明随着 l 的减少（即投资强度的增加），土地需求与土地供给之间的缺口在不断扩大。

为了进一步证明本书观点，用与式（4.18）相同的方法，对式（4.8a）求关于 x 的偏导数，可得①：

$$\frac{\partial R_k}{\partial x}=l(\alpha p+\beta'(x))>0 \tag{4.21}$$

对式（4.9）求关于 l 的偏导数并代入式（4.21），整理后可得：

$$\frac{\partial^2 R_k}{\partial l^2}=[\alpha p+\beta'(x)]\frac{\partial x}{\partial l}>0 \tag{4.22}$$

将式（4.9）和式（4.22）一起观察，可以发现企业家的收益率是一个单调递增凸函数，而在前面已经证明政府的期望收益率是一个递增凹函数。用企业家的投资收益率和政府的期望收益率分别代表土地需求和供给，从图 4.2 中可以很容易看出：随着投资强度的增加（即 l 降低），土地需求与土地供给之间的缺口是不断增加的，土地配给水平提高。据此，本书提出推论一：

① 在信息对称条件下，有 $\partial R_k/\partial x=0$，实现市场均衡。但是由于本书假定企业家具有信息优势，因此 $\partial R_k/\partial x>0$。

推论一：投资强度的增加（即 l 降低）可以提高城市工业用地的配给水平。

但需要指出的是，虽然 l 的下降会降低企业家和政府的收益率，但是只有当政府的期望收益率与市场收益率相等时，才能实现土地配给均衡。这是因为企业家收益率是单调递增凸函数。当收益率大于市场收益率时，意味着企业家的边际收益率大于市场收益率。为了追求利润的最大化，企业家会进一步扩大投资规模，提高投资强度（l 下降）。而对于政府而言，由于政府的期望收益率是递增凹函数，当期望收益率大于市场收益率时，意味着边际收益率小于市场收益率。为了追求收入最大化，政府会减少土地供给，导致投资强度增加（l 降低）。但是如果投资强度持续增加（l 下降），使政府期望收益率下降到市场收益率之下，即政府边际收益率大于市场收益率。那么，政府则会增加土地供给，直到政府期望收益率与市场收益率相等，即投资强度为 l^a 时，市场实现均衡。

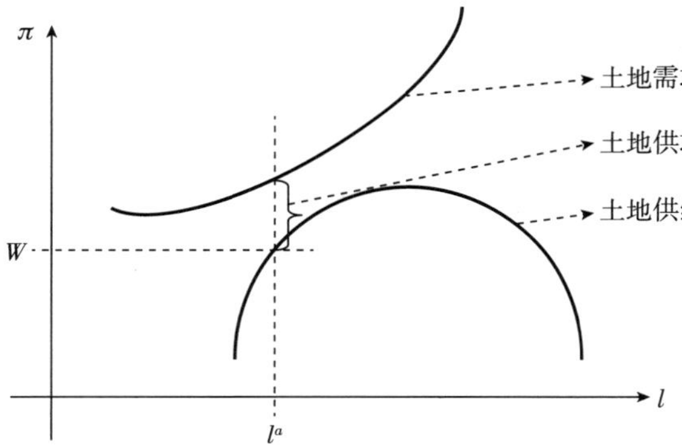

图 4.2　投资强度与土地配给

很显然这与传统的市场均衡概念是不一致的。在传统的认识中，随着市场均衡的实现，供给和需求缺口应该逐渐缩小，直至相等。但本书在实现市场均衡的过程中，土地需求与供给的缺口在不断放大。这是因为在信息不对称条件下，投资强度的上升会诱使企业家采取自选择行为，使土地供给以比土地需求更快的速度下降，从而出现土地配给扩大的现象。当政府收益率下降到与市场收益率相同时，企业家可以凭借自身的信息优势，获得高于市场收益率的回报，从而实现一种信息不对称条件下的市场均衡。虽然此时企业家有动力继续提高投资强度，但因不满足市场均衡的条件而无法实施。信息不对称扩大了市场均衡时的土地供求缺口，限制了投资强度的提升空间。

本书所提出的土地配给模型对信息不对称条件下的资源配置给出了一种新的解释，即信息不对称条件下，投资强度上升在改善资源配置效率同时，也强化了土地配给现象，限制了资源配置效率的提升，过度提高投资强度有时并不利于资源配置效率提高。

为了提高推论一的可信度，本书将在第 5 章对推论一进行实证检验。

4.3.1.2 投资强度作为激励机制的作用机理

在上一部分，本书主要讨论了投资强度作为甄别工具的作用，但是投资强度还可以通过第二种方式来影响政府的收益。在信息不对称条件下，企业家和政府的利益并不一致。企业家关心的是，在项目风险既定情况下自己所能获得的收益；而政府关心的是项目的成功概率以及不同概率下所能获得的回报。因此，当政府不能无成本地监督企业家的行为时，政府必须考虑投资强度对企业家行为的影响。

本书将证明降低投资强度（l 增加）会提高高风险项目对于企业家的吸引力，而这些项目对于政府收益不一定是有利的，所以降低投资强度可能会使企业家采取不符合政府收益的行为，这就为政府提供了另一种激励，使政府在面对不确定性时，更愿意选择投资强度高的项目。

回到上一部分所设定的基础模型。假设每位企业家都面临多个项目可供选择。考虑任意两个项目，用上标 h，j 表示。将式（4.6b）变形可得：

$$R_k^i = \alpha p f^i(\hat{l}) + \beta^i \hat{l} \tag{4.23}$$

所以：

$$\frac{\partial R_k^i}{\partial \hat{l}} = \alpha p[f^i(\hat{l})]' + \frac{\partial \beta^i}{\partial \hat{l}}\hat{l} + \beta^i > 0 \tag{4.24}$$

因此，如果存在某一个特定的$\hat{l}$，使 $R_k^h = R_k^j$，那么 $\hat{l}$ 的增加对于那些收益更高（项目成功概率较低）的项目的正向作用比那些收益较小（项目成功概率较高）的项目的正向作用更大。

为了更清楚地说明，本书假设所有企业家是相同的，都面临如下两个项目。如果项目成功，则项目的收益分别为 $R^a = \frac{f^a(l)}{1+l}$和 $R^b = \frac{f^b(l)}{1+l}$，并且 $R^a > R^b$，成功

的概率分别为 p^a 和 p^b，且 $p^a < p^b$。如果当投资强度等于 $\hat{l}$ 时，企业家对于项目是无差异的，那么：

$$(1+\hat{l})\alpha p^a R^a + \beta^a \hat{l} = (1+\hat{l})\alpha p^b R^b + \beta^b \hat{l} \tag{4.25}$$

即：

$$\hat{l}^* = \frac{\alpha(p^b R^b - p^a R^a)}{(\beta^a - \beta^b) - \alpha(p^b R^b - p^a R^a)} \tag{4.26}$$

对于高风险的项目 a 而言，企业家所能接受的最低回报水平为 W，所以当项目 a 成功时（$p=1$），可得：

$$R_k^a = \frac{\alpha Q + \beta L}{K} = \alpha R^a(1+l^*) + \beta^a l^* = W \tag{4.27}$$

即：

$$l^* = \frac{W - \alpha R^a}{\alpha R^a + \beta^a} \tag{4.28}$$

由此可以得出，当 $l < \hat{l}^*$ 时，企业家会选择安全的项目（项目成功概率较高），而此时能够吸引企业家在项目 b 上投资的最大值为 $\hat{l}^*$。但是当 $\hat{l}^* < l < l^*$ 时，企业家会选择高风险项目（项目成功概率较低），此时能够吸引企业家的最大值为 l^*，而且只能投资在项目 a 上。

投资强度作为激励机制实际上是“Spence - Mirrlees”条件的一个应用。因为风险不同的项目对投资强度的反映不同，所以政府可以通过选择适当的投资强度水平实现不同风险项目之间的分离。

4.3.2　市场收益率对土地配给的作用机理

在土地配给模型的分析过程中，本书假定市场收益率是外生且不变的。很显然，市场收益率不可能一直维持在一个稳定的水平，它经常会随着外部因素的变化而波动。这里将着重分析市场收益率变化对于土地配给的影响。

首先考虑市场收益率 W 对企业家收益率的影响。根据前面对于企业家收益率的设定，可得：$R_k = l[\alpha px + \beta] \geq W$。由于已知 R_k 是关于 l 的递增函数，所以随着市场收益率 W 的上升，企业家会选择更高的 l，即 $\frac{\partial l}{\partial W} > 0$。

假设 W 可微，对 R_k 求关于 W 的偏导并代入式（4.9），可以得到：

$$\frac{\partial R_k}{\partial W}=\frac{\partial R_k}{\partial l}\times\frac{\partial l}{\partial W}>0 \tag{4.29}$$

由于企业家收益率代表土地需求，因此式（4.29）表明随着市场收益率 W 的上升，土地的需求会增加。

再考虑市场收益率 W 对政府期望收益率的影响。从式（4.10）中可以看出，市场平均收益率 W 对项目的临界成功概率 p^* 产生影响，W 越大，则 p^* 越大，意味着随着市场收益率的上升，项目的风险在下降。项目风险的变化会改变政府的期望收益率，进而对土地的配置方式产生影响。

通过对式（4.10）整理并求关于 W 的偏导，可得：

$$\frac{\partial p^*}{\partial W}=\frac{1}{\alpha f(l)}>0 \tag{4.30}$$

根据式（4.12）对项目的成功概率$\bar{p}$求关于 W 的偏导，可得：

$$\frac{\partial \bar{p}}{\partial W}=\frac{-p^*f(p^*)\frac{\partial p^*}{\partial W}[1-F(p^*)]-\left[1-\int_0^{p^*}pf(p)dp\right]\left[-f(p^*)\frac{\partial p^*}{\partial W}\right]}{[1-F(p^*)]^2}$$

$$=\frac{f(p^*)\frac{\partial p^*}{\partial W}}{[1-F(p^*)]^2}\left[1-p^*+p^*F(p^*)-\int_0^{p^*}pf(p)dp\right]>0 \tag{4.31}$$

表示随着 W 的增加，项目的平均成功概率$\bar{p}$也越来越高。由式（4.13）已知 $\frac{\partial \bar{p}}{\partial l}<0$，因此可得：$\frac{\partial l}{\partial W}<0$。也就是说对于政府而言，随着市场收益率 W 的上升，政府倾向于选择较高的投资强度。

对政府期望收益率 $\bar{\pi}$求关于 W 的偏导，假设 W 连续且可微，可得：

$$\frac{\partial \bar{\pi}}{\partial W}=\frac{\partial \bar{\pi}}{\partial l}\cdot\frac{\partial l}{\partial W}$$

$$=\left\{(1-\alpha)\left[\frac{f(l)}{l}\right]'\bar{p}(l)-\frac{\partial \beta}{\partial l}+(1-\alpha)\frac{f(l)}{l}\frac{\partial \bar{p}}{\partial l}\right\}\frac{\partial l}{\partial W} \tag{4.32}$$

本章在图 4.1 中已经证明，在理性情况下，政府肯定会选择倒“U”形曲线的左半部分，即$\frac{\partial \bar{\pi}}{\partial l}>0$，因此可得：$\frac{\partial \bar{\pi}}{\partial W}<0$。

由于政府期望收益率代表土地供给，因此式（4.29）表明随着市场收益率 W 的上升，土地的供给会减少。

下面考虑市场收益率 W 变化对土地配给的影响。对 $R_k-\pi$ 求关于 W 的偏导数，可得：

$$\frac{\partial[R_k-\bar{\pi}]}{\partial W}=\frac{\partial R_k}{\partial W}-\frac{\partial\bar{\pi}}{\partial W}>0 \tag{4.33}$$

可以看出，随着 W 的增加，土地供给和土地需求的缺口会越来越大，意味着土地配给水平在不断提高。由此，本书提出第二个推论：

推论二：随着市场收益率的上升，工业用地的配给水平会不断提高。

为了更清楚地阐述上述模型的结论，这里采用与图 4.2 同样的分析方法。用企业家收益率表示土地需求，政府期望收益率表示土地供给。根据式（4.8a）和式（4.14）可得，在 l 不变的条件下，β 会随着 W 的增加而增加。因此，当 W 增加时，企业家收益率曲线会向上移动；与此同时，政府的期望收益率曲线却会随着 W 增加而向下移动，使土地需求与供给的缺口不断扩大，从而使土地配给水平不断提高。如图 4.3 所示，随着 W 的增加，土地需求曲线向上方移动，而土地供给曲线则向下方移动。当市场均衡时，即政府期望收益率与市场收益率相等时，土地供求缺口出现扩大。

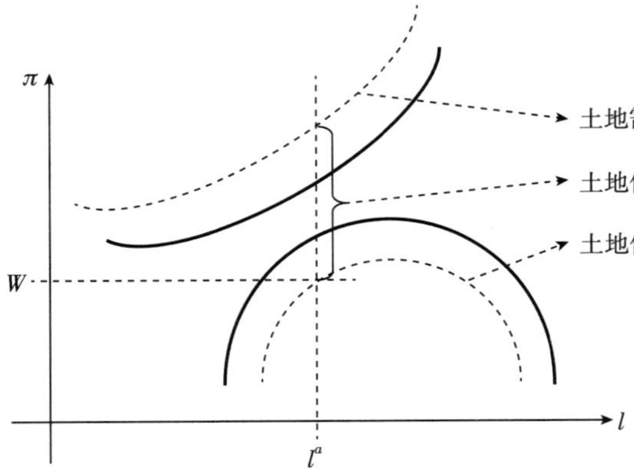

图 4.3　市场收益率与土地配给

推论二在经济意义上说明，市场收益率上升促使企业家选择那些风险高（收益大）的项目，而项目风险的增加一方面使企业家可以凭借信息优势获取更高的收益率，扩大土地需求；另一方面降低了政府的期望收益率，使土地供给减少。

土地需求与土地供给的变化，使土地供求缺口扩大，提高了土地配给的水平。

为了提高推论二的可信度，本书将在第6章对推论二进行实证检验。

4.3.3 技术变迁对土地配给的作用机理

在第4.3.1节中，讨论了投资强度对土地配给水平的影响，出于简化起见，并没有讨论技术变迁对于土地配给的影响，虽然投资强度本身就是边际技术替代率的一种表现。下面考虑一个更为一般的生产函数：

$$Q = F(\lambda(\tau)K,\ \mu(\tau)L) \tag{4.34}$$

其中，λ 为资本的增长率，μ 为土地的增长率，τ 为外生的技术变量。假定技术变迁是外生的，那么 $l = \mu L/\lambda K$，对 l 求关于 τ 的偏导数：

$$\frac{\partial l}{\partial \tau} = \frac{\frac{\mu'}{\mu} - \frac{\lambda'}{\lambda}}{\frac{\lambda}{\mu}} \cdot \frac{L}{K} \tag{4.35}$$

可知，当$\left(\frac{\mu'}{\mu} - \frac{\lambda'}{\lambda}\right) \geqslant 0$，则$\frac{\partial l}{\partial \tau} \geqslant 0$；反之，亦然。

如果将$\left(\frac{\mu'}{\mu} - \frac{\lambda'}{\lambda}\right) \geqslant 0$ 称作资本节约型技术变迁，将$\left(\frac{\mu'}{\mu} - \frac{\lambda'}{\lambda}\right) \leqslant 0$ 称作土地节约型技术变迁。可以看出，不同的技术变迁路径，对土地配给的影响不同。

从经济学意义上来讲，如果技术变迁是土地节约型技术变迁，那么政府将无法区分投资强度的增加，是因为项目风险的降低，还是技术变迁的作用，导致信号甄别失灵。但如果技术变迁是资本节约型技术变迁，那么政府很容易判断，投资强度的增加会降低项目风险。

从行业特性来看，工业部门作为一种资本密集型行业，其技术变迁路径一直以来更倾向于资本节约型。因此，从本书的研究对象和目的出发，假定$\left(\frac{\mu'}{\mu} - \frac{\lambda'}{\lambda}\right) \geqslant 0$，即$\frac{\partial l}{\partial \tau} \geqslant 0$，技术变迁的路径是资本节约型。

下面针对技术变迁对土地配给的影响进行分析。假定 τ 可微且连续，对 $R_k - \bar{\pi}$ 求关于 τ 的偏导数，可得：

$$\frac{\partial[R_k - \bar{\pi}]}{\partial \tau} = \frac{\partial[R_k - \bar{\pi}]}{\partial l} \cdot \frac{\partial l}{\partial \tau} < 0 \tag{4.36}$$

从式（4.36）中可以看出，$\frac{\partial\left[R_k-\bar{\pi}\right]}{\partial\tau}$与$\frac{\partial\left[R_k-\bar{\pi}\right]}{\partial l}$的符号一致，即资本节约型技术变迁并没有改变土地配给 $R_k-\bar{\pi}$的原有变化趋势，只是将这种趋势放大了$\frac{\partial l}{\partial\tau}$倍。在资本节约型技术变迁下，土地配给增量和投资强度（l 的倒数）增量之间呈同方向变动。采用与前面同样的方法，用企业家收益率代表土地需求，用政府期望收益率代表土地供给。从图 4.4 中可以看出，随着技术变迁的发展，土地需求曲线和土地供给曲线同时向上方发生移动。当市场均衡时，土地供求缺口扩大。

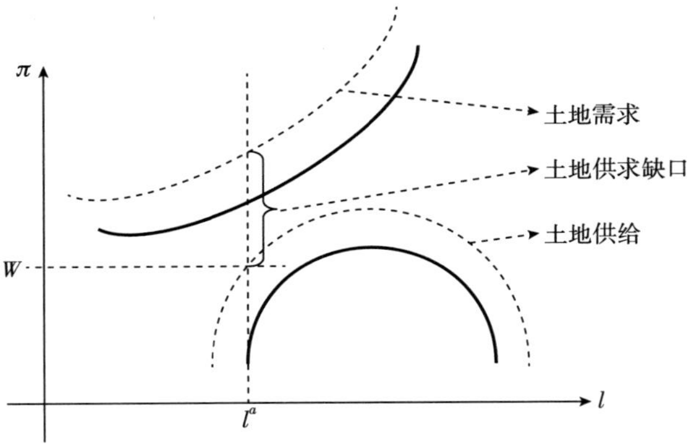

图 4.4　技术变迁与土地配给

以此为基础，并结合推论一的结论，本书提出第三个推论：

推论三：随着投资强度增长率的提高，工业用地配给水平增长率也会随之提高。

从经济意义上来讲，推论三实际是说，资本节约型技术变迁使政府收益率高于市场收益率，为了追求收入最大化，政府有动力提高投资强度水平，直至政府收益率与市场收益率相等，实现新的土地配给均衡。同时，推论三也指出投资强度不但在存量上，而且在增量上也与土地配给呈正相关关系。

为了提高推论三的可信度，本书将在第 7 章对推论三进行实证检验。

4.4 土地配给对城市工业用地集约利用效率的影响机制分析

本书在第4.3节中构建了一个基于信息不对称的土地配给模型。通过对土地配给模型作用机理的分析，结果显示信息不对称条件下，政府会采用土地配给的方式进行土地资源配置，实现政府收入的最大化。而土地资源配置方式的变化会对城市工业用地的集约利用效率产生影响。对于工业用地集约利用效率的度量，从已有文献和实践的做法来看，最常见的是以单位面积产出指标作为衡量土地集约利用效率的标准，本章也将沿袭这一方法。

4.4.1 基于信息不对称的视角

工业用地的产出由企业家收入和政府收入两部分构成。由于企业家和政府之间存在信息不对称，所以他们会根据各自的期望收益率来进行资源配置，进而影响工业用地的产出。

从第4.3.1节的相关分析中可以得出，企业家的投入为K，期望收益率为R_k；而政府的投入为L，期望收益率为$\overline{\pi}$，设工业用地集约利用效率为η，则可得：

$$\eta = \frac{K \cdot R_k + L \cdot \overline{\pi}}{L} \tag{4.37}$$

将K、L等变量代入式（4.37）并简化，可得：

$$\eta = \frac{1}{l}(R_k - \overline{\pi}) + \left(1 + \frac{1}{l}\right)\overline{\pi} \tag{4.38}$$

从式（4.38）中可以看出，工业用地的集约利用效率η是土地配给水平$(R_k - \overline{\pi})$、政府期望收益率$\overline{\pi}$和投资强度倒数l的函数。如果不考虑信息不对称的作用，可以很容易得出：随着投资强度的增加（l下降），工业用地的集约利用效率上升。这与传统上基于边际技术替代率递减规律，认为投资强度增加会提升土地集约利用效率的认识是一致的。但式（4.38）表明在边际技术替代率递减规律作用的同时，土地配给水平（$R_k-\bar{\pi}$）和政府期望收益率$\bar{\pi}$也对工业用地集约利用效率产生影响。通过第 4.3.1 节的分析可以知道，土地配给水平（$R_k-\bar{\pi}$）实际上可以看作政府权衡风险与收益的方式。风险越低，土地配给水平（$R_k-\bar{\pi}$）越大。同时，第 4.3.1 节也证明随着土地配给水平的提高，政府期望收益率会下降，土地配给水平（$R_k-\bar{\pi}$）与政府期望收益率$\bar{\pi}$的变化趋势是相反的。因此，从经济学意义来讲，信息不对称条件下工业用地的集约利用效率除了边际技术替代率递减规律作用外，还要受交易成本（风险）的影响。

为了进一步分析土地配给水平（$R_k-\bar{\pi}$）和工业用地集约利用效率 η 的关系。将 R_k 和 $\bar{\pi}$ 代入式（4.38）整理后，可得：

$$\eta=\left(1+\frac{1}{l}\right)\alpha T+\beta+\bar{\pi}=\left(1+\frac{1}{l}\right)\alpha T+(1-\alpha)x\bar{p} \tag{4.39}$$

对式（4.39）求关于 x 的偏导数，可得：

$$\frac{\partial\eta}{\partial x}=(1-\alpha)\bar{p}+(1-\alpha)x\frac{\partial\bar{p}}{\partial x} \tag{4.40}$$

由式（4.18）至式（4.20）可知，$\frac{\partial\eta}{\partial x}<0$。

由于已知$\frac{\partial(R_k-\bar{\pi})}{\partial x}<0$且$\frac{\partial\bar{\pi}}{\partial x}>0$，因此可得：

$$\left|\frac{\partial(R_k-\bar{\pi})}{\partial x}\right|>\left|\frac{\partial\bar{\pi}}{\partial x}\right| \tag{4.41}$$

式（4.41）表明对于工业用地集约利用效率而言，土地配给的作用要大于政府期望收益率的作用。如果将式（4.38）和式（4.41）放到一起，可以看出，土地配给水平和工业用地集约利用效率的变化趋势是相同的。由此，可以提出第四个推论：

推论四：工业用地配给水平的增加可以提高土地的集约利用效率。

但是需要指出的是，与边际技术替代率递减规律下投资强度不可能无限增加一样，信息不对称条件下土地配给水平也不会无限提高。本书在第 4.3.1 节中已经证明，随着投资强度的增加，政府期望收益率会呈下降趋势，土地配给程度增强。当政府期望收益率与市场利率相等时，投资强度将不再上升，土地配给达到最大水平，土地集约利用效率达到最佳水平。$\overline{\pi}$制约了土地配给水平（$R_k-\overline{\pi}$）的上升，从而限制了工业用地集约利用效率的提升空间。本书所提出的在信息不对称条件下，土地配给水平会影响工业用地集约利用效率的观点与科斯、张五常、诺斯、杨小凯等提出的交易成本会影响要素使用效率的思想是一致的。

为了进一步提高推论四的可信度，本书将在第8章对推论四进行实证检验。

4.4.2 基于生产函数的视角

第4.4.2节从信息不对称视角，分析了土地配给对土地集约利用效率的影响。本节将从生产函数的视角，对土地集约利用效率的变化进行一个更为一般的讨论。

土地的产出依然由企业家收入和政府收入两部分构成，但是在这里暂时不考虑信息不对称对项目风险的影响，由此可以得出土地集约利用效率η为：

$$\eta=\frac{Y_k+Y_l}{L}=\frac{pQ}{L} \tag{4.42}$$

即土地集约利用效率取决于项目的产出、成功概率与土地投入水平。将式（4.5）代入式（4.42）并简化，可得：

$$\eta=\left(1+\frac{1}{l}\right)\cdot T \tag{4.43}$$

假定T已知，则很容易得出：随着l的增加，工业用地集约利用效率η呈下降趋势。式（4.43）表示即使不考虑信息不对称的影响，只要风险不同的项目期望收益率是一致的，即政府无法简单地通过期望收益率来区分不同的项目风险水平，那么提高投资强度就有利于提高土地的集约利用效率。实际上式（4.43）可以看作边际技术替代率递减规律的一种体现。而式（4.5）表明项目收益率均值T取决于项目风险和收益水平，本章在前面已经证明，土地配给作为政府权衡风险和收益的手段可以提高项目收益率，因此土地配给水平与工业用地集约利用效率是同方向变化的。可以将式（4.43）看作第4.4.1节推论四的一个更为一般化的表述。同时，也从另一个角度为推论四提供了支持。

4.5 本章小结

本章指出在现有土地出让合约结构下，信息不对称使价格机制在土地资源配置时失灵，因而简单地持续提高投资强度可能并不是一个最优的选择，并在此基础上构建了一个基于信息不对称的“土地配给”模型。首先，模型显示由于信息不对称条件下破产成本与投资强度正相关，投资强度可以通过甄别工具和激励机制两个途径影响项目的质量，进而影响土地的需求与供给水平，导致“土地配给”现象的出现。土地配给有利于改善资源配置效率，但过度提高投资强度反而会降低资源配置效率，因此土地配给实际上是一种信息不对称条件下市场均衡的表现形式。其次，又分别从市场收益率和技术变迁角度对土地配给的作用机理进行分析。本章指出市场收益率的上升会促使企业家选择风险更高的项目，企业家凭借信息优势可以获取更高收益，导致土地需求增加；但风险的增加降低了政府的期望收益率，使土地供给减少。土地需求与土地供给的变化导致土地配给水平提高。针对技术变迁对土地配给的影响，本章指出不同的技术变迁路径对土地配给的影响具有较大差异。资本节约型技术变迁增加了项目产出水平，提高了政府的期望收益率，从而鼓励政府提高对投资强度要求，从而进一步提升了土地配给水平。这就为理解不同产业土地利用效率差异提供了一个新的视角。最后，本章就土地配给对工业用地集约利用效率的影响机制进行分析，认为在信息不对称条件下，除了边际技术替代率递减规律外，工业用地的集约利用效率还要受到交易成本（风险）的影响。土地配给作为政府权衡风险与收益的方式，可以优化资源配置，提高工业用地集约利用效率。同时，本章也指出随着土地配给均衡的实现，进一步提高投资强度有可能会反过来降低工业用地的集约利用效率。这与交易成本会影响资源配置效率的思想是一致的。

必须指出，“土地配给”假说是建立在政府追求收入最大化这一效用函数基础上的，本书并不认为政府总是按照这一假设行事。从本书第 3 章有关土地集约利用效率历史演进的分析中可以看出，在不同的历史时期政府的目标总是会发生一定的变化。当政府偏离这一假设时（例如追求某些非经济目标时），肯定会对“土地配给”假说的有效性构成影响。另外，本书在假设政府追求收入最大化时，并没有考虑政府收益的长短期协调问题，即政府可能会为了长期收益而牺牲短期收益。这主要是因为，本书认为在“政治锦标赛”和“有限任期制”下，地方政府具有强烈的短期行为动机，而这种短期行为所带来的后果往往要由中央政府来承担，那么所谓的长短期协调问题就转化为中央政府与地方政府的博弈问题。而将中央政府这个新变量引入模型当中，一方面无疑会增加研究的技术难度，另一方面可能会冲淡本书的研究重点，即信息结构变化是如何影响资源利用效率的。因此，并没有对这一因素进行分析。最后，为了简化起见，假定技术是外生的。但是按照内生增长理论，技术的变迁路径其实是与资源的配置方式密切相关的，即生产函数有可能是规模递增的，那么很有可能会出现如下研究路径：信息结构→交易成本→资源配置→技术变迁→资源使用效率。规模递增生产函数的出现无疑对研究的广度和深度提出了更高的要求。

“土地配给”假说的提出加深了有关资源配置方式对工业用地集约利用效率影响机理的认识，为工业用地集约利用效率的变化提供了一个新的理论解释。当前，中国正处于经济增长方式转型的关键期，更深入地了解地方政府配置资源的方式与效果，对提升工业用地集约利用效率，实现中国经济的可持续发展无疑具有重要的意义。

第5章　投资强度对土地配给影响效应的实证研究

本书在第4章有关投资强度对土地配给作用机理的理论分析中，从信息不对称条件下投资强度与政府收益率的倒“U”形曲线出发，提出推论一：投资强度的增加（即l降低）可以提高城市工业用地的配给水平。为了对上述推论进行检验，本章首先构造合适的指标来衡量土地配给程度，采用面板数据和多变量回归方法，检验投资强度与土地配给水平的关系，为“土地配给”假说提供实证数据支持。实证回归中其他控制变量的选择，则根据土地配给的影响因素、样本数据的可得性和本章的研究目的加以确定，将其他差异因素可能对土地配给产生的潜在影响也考虑进去。

本章计量分析框架如下：第5.1节对回归分析所选取的变量进行详细说明；第5.2节对回归分析使用的样本进行说明；第5.3节对面板数据的来源进行说明，并对变量数据进行统计性描述；第5.4节构建一个计量模型，即包括投资强度解释变量和其他控制变量在内的土地配给回归方程；第5.5节将对样本数据进行单位根检验和协整分析，确认其适合进行多元回归分析；第5.6节将对样本数据分别采用固定效应模型和随机效应模型进行回归分析，并对回归结果进行分析和对比；第5.7节对回归分析的结果进行内生性检验；第5.8节对回归分析结果的稳健性检验进行说明；第5.9节对本章进行小结。本章使用EViews 10.0软件，对数据进行实证回归分析。

5.1 变量的选取

5.1.1 被解释变量的选取

本章的重点在于针对投资强度对土地配给的作用机理进行检验。因此，本章将被解释变量选为土地配给系数，用 *Landrate* 表示。目前有关要素配给的研究大多集中在信贷配给方面，Petrick（2005）将常用的关于信贷配给程度测度的方法归纳为六种：测量贷款交易成本、调研分析质化信息、调研收集量化信息、测量第二借贷来源溢出效应、计量用户建模和动态投资决策，其中前三种是根据借款人对贷款渠道的选择所做出的主观判断，后两种则是在新古典主义一般均衡框架下从效率角度对信贷配给进行的说明。①

田俊丽（2006）最早在有关农村信贷配给的研究中，提出“国民经济中各部门均衡发展时，信贷资源应在各部门中均衡分配”这一假设，认为农村经营主体所获得的信贷资金比重 α 应与农业部门在国民经济中的比重 β 相一致。如果农村经营主体获得的信贷资金比重 α 小于其在国民经济中的比重 β，可以认为农村经营主体受到了信贷配给，信贷配给程度的度量公式为 $(\beta-\alpha)/\beta\times100\%$，即信贷供求缺口与信贷需求之比。② 刘艳华和王家传（2009）、刘艳华和郑平（2016）、龙海明等（2012）均采用了这种度量方法。

根据上述的相关研究成果，本章拟借鉴田俊丽（2006）的度量方法，以土地配给系数指标代表城市工业用地的配给程度，即土地供求缺口与土地需求的比。土地配给系数越大，则城市工业用地的配给程度越高。按照《中国城市建设统计年鉴》的统计说明，建设用地是指所有非耕地用途的城镇建设用地，因此设 $\alpha=$

① Petrick M. Empirical Measurement of Credit Rationing in Agriculture: A Methodological Survey [J]. Agricultural Economics, 2005, 33 (2): 191 - 203.

② 田俊丽. 中国农村信贷配给及农村金融体系重构 [D]. 成都: 西南财经大学博士学位论文, 2006.

工业用地/建设用地总额，表示工业用地占建设用地比例，即工业用地的供给水平；设 β = 工业增加值/GDP，表示工业部门在国民经济中所占比重，即工业用地的需求水平。严格来讲，由于建设用地是不包括耕地在内的，所以在计算工业部门占国民经济比重时，应减去种植业的 GDP，但是，一是单纯种植业 GDP 在 GDP 中所占的比重比较低，对数据的整体影响不大；二是考虑到样本数据的可得性，因此本章仍然选择采用 GDP 指标来计算工业部门在国民经济中所占比重，由此可得：

$$\text{土地配给系数}(Landrate) = \frac{\beta - \alpha}{\beta} \times 100\% \tag{5.1}$$

其中，工业增加值和 GDP 数据来源于所选样本城市所在省份历年统计年鉴及统计公报。工业用地和建设用地数据来自住房和城乡建设部发布的历年《中国城市建设统计年鉴》中公布的相关数据。

5.1.2　解释变量的选取

解释变量为投资强度，用 *Intensity* 表示。目前有关投资强度的研究中，最普遍的做法是将投资指标与土地指标进行直接比较，作为判断投资强度水平的度量指标。国土资源部在开展全国开发区土地集约利用评价和土地利用动态巡查工作时，也采取了同样的方法对投资强度水平进行度量。同时，为了与本书第 4 章提出的推论一保持一致，本章将投资强度指标作为度量土地配给的解释变量，计算公式为：

$$\text{投资强度}(Intensity) = \text{当年工业投资/当年工业用地} \tag{5.2}$$

其中，工业投资数据来源于所选样本城市所在省份历年统计年鉴及统计公报。工业用地数据来自住房和城乡建设部发布的历年《中国城市建设统计年鉴》中公布的相关数据。

5.1.3　控制变量的选取

土地配给实际上是信息不对称条件下的一种资源配置行为。从本书第 3 章关于土地集约利用效率历史演进的分析中可以得出，资源禀赋、政府行为、激励约束机制是影响我国土地资源配置的主要因素，再考虑柯布－道格拉斯生产函数对生产要素的要求以及斯密、杨格、科斯等对交易成本影响因素的分析，本书选择如下指标作为控制变量。

5.1.3.1　人口资源禀赋

本章采用城市总人口指标衡量。这主要是因为：随着国家户籍管理制度的不断放松，人口的流动性不断增强，与城镇人口指标相比，城市总人口指标能更好地体现一个城市的人口资源禀赋情况，与本章的研究目的比较一致。

5.1.3.2　经济发展水平

本章采用城镇化率指标衡量。这主要是因为：第一，已有大量的研究证明，城镇化率与经济发展水平密切相关，经济发展水平越高的地方，城镇化率就越高，因此城镇化率指标足以体现经济发展水平和阶段。第二，与人均可支配收入和人均 GDP 等指标更偏重于体现经济发展水平的差异不同，城镇化率指标是一个综合性指标，体现的经济现象和内涵更为丰富，这与本章有关被解释变量的设定更为一致。第三，不同地区之间存在着明显的区域差异，既有经济方面的因素，也有社会文化和自然地理方面的因素，而这些因素会集中反映在城镇化率指标上。综合上述因素，选择城镇化率作为衡量经济发展水平的指标。

5.1.3.3　金融资源禀赋

本章采用全社会固定资产投资指标进行衡量。这主要是因为：固定资产投资是一个资金密集型的行为。在我国资金自由流动尚不充分的条件下，一个地区的全社会固定资产投资与当地的金融资源充沛程度是密切相关的。因此，选择全社会固定资产投资指标较好地体现了一个地区的资本充沛水平。

5.1.3.4　激励约束机制

本章构造了地方政府努力程度指标来衡量激励约束机制差异。计算公式为：

地方政府努力程度（$Gcapital$）= 全社会固定资产投资/地方一般预算收入

这主要是因为：第一，制度的主要差异在于其所影响的各类利益主体的激励机制与效果的不同，即不同利益主体努力程度的不同。因此采用努力程度来刻画制度差异更为贴切。第二，从全社会固定资产投资的构成来看，既包括政府投资，也包括企业投资。对于政府投资而言，除了政府投资意愿以外，还要受到地方财政收入的影响。而对企业投资而言，选择在什么地方投资与地方政府的招商引资力度、投资环境等地方政府的主动行为有关，而政府的主动行为往往又受到财政收入的影响。因此，选择地方政府努力程度指标能够较好地反映不同地区的制度差异对政府努力程度的影响。

5.1.3.5　土地资源禀赋

由于本章在设计解释变量指标时采用了工业用地数量这一指标。为了避免可能出现共线性问题，因此在控制变量的设计时，没有包括土地资源禀赋的指标。

5.2　样本的选取

本章主要关注的是投资强度对工业用地配给水平的影响。由于被解释变量是一个与制度有关的变量，所以样本的多样性对分析结果的稳健性尤为重要。因此，本章将样本的选择范围主要放在西部地区城市上，主要有两个原因：第一，从样本的多样性角度来看，西部地区城市的多样性最为显著。就城市发展水平而言，西部地区既有成都、重庆、西安等全国准一线城市，也有呼和浩特、南宁、贵阳等二线城市，还有大量的三线、四线城市；就产业结构而言，西部地区既有鄂尔多斯、榆林、白银等以资源为主的城市，也有宝鸡、绵阳、柳州等以制造业为主的城市，还有桂林、红河等特色经济城市；就民族构成而言，西部地区拥有全国的少数民族自治区和绝大部分自治州，足以体现文化传统的差异。第二，从样本的区域分布来看，2017 年全国 334 个地级及地级以上城市中，西部地区 12 个省份总面积约 686 万平方千米，约占全国总面积的 72%，但地级及地级以上城市只有 111 个，仅为全国地级及地级以上城市总量的 1/3。如果采用全国城市作为样本，会更多地体现经济发达地区的特征，影响样本的多样性。

在第 4 章的理论分析中假定工业企业的税率保持不变。为了保证各样本城市之间不会因为国家有关政策优惠出现明显的差异，体现西部地区城市工业的发展水平，本章选择西部地区拥有国家级开发区的地级城市作为样本。国土资源部发布的《国家级开发区土地集约利用评价情况通报（2017 年度）》显示，2017 年西部地区共拥有经济技术开发区、高新技术产业开发区、边境经济合作区、海关特殊监管区等国家级开发区 106 个，综合考虑各开发区在所处城市的经济地位和数据可得性等因素，最终确定了53个城市作为本章研究的样本城市，具体情况如表5.1所示。

表5.1 选取样本城市及所属地区分类

省份	样本城市
内蒙古	呼和浩特市、包头市、鄂尔多斯市、巴彦淖尔市、呼伦贝尔市
重庆	重庆市
四川	成都市、广安市、德阳市、遂宁市、广元市、绵阳市、宜宾市、攀枝花市、泸州市、自贡市、乐山市、内江市
广西	南宁市、北海市、钦州市、桂林市、柳州市
贵州	贵阳市、遵义市
云南	昆明市、曲靖市、大理州、玉溪市、红河州
西藏	拉萨市
陕西	西安市、宝鸡市、咸阳市、汉中市、安康市、渭南市、榆林市
宁夏	银川市、石嘴山市
甘肃	兰州市、金昌市、天水市、酒泉市、白银市、张掖市
青海	西宁市
新疆	乌鲁木齐市、伊犁州、石河子市、巴音郭楞州、昌吉州、阿克苏地区

所选择的样本城市数量占西部地区地级及地级以上城市数量的47.75%，涵盖全国所有五个少数民族自治区，样本具有足够的代表性。

5.3 数据来源与统计性描述

5.3.1 数据来源

本章的主要研究目的是对投资强度与土地配给程度之间的关系进行实证检

验。其中，GDP、工业增加值、全社会固定资产投资、工业投资、城镇人口、总人口、地方一般预算收入等指标的数据来自各样本城市所属省份历年的统计年鉴、各样本城市历年的统计年鉴及统计公报，工业用地数量和建设用地数量指标的数据来自历年《中国城市建设统计年鉴》。对于未公布全部工业增加值的个别城市和年份以规模以上工业企业工业增加值指标替代；对未公布城镇人口数量的个别城市和年份以非农业人口指标替代。

本章使用的数据包括西部地区12省份的53个城市，时间跨度为2005～2016年，总计12年，样本总量为636个。本章在计量回归分析中使用的所有被解释变量、解释变量和控制变量都取自然对数值。

5.3.2 变量的统计描述

为了更直观地观察选取变量的变化情况，本章在此对后面进行的实证检验所需使用的原始选取变量在2005～2016年样本期间的基本统计特征加以说明，具体情况如表5.2所示。

表5.2 原始选取变量描述性统计特征

变量名	样本量	平均值	中位数	最大值	最小值	标准差
GDP	636	1274.244	780.125	17740.59	17.36	1820.533
工业增加值（*Indusadd*）	636	507.1703	310.37	6040.53	5.75	707.5931
工业用地（*Indusland*）	636	19.74193	10.61	246.83	0.01	29.68391
建设用地（*Consland*）	636	110.4486	59.90	1179.57	0.22	148.3386
全社会固定资产投资（*Fixedin*）	636	994.2645	538.66	17361.12	8.61	1581.779
工业投资（*Indusinvest*）	636	345.1244	206.295	5666.36	0.58	503.1417
城镇人口（*City*）	636	185.209	132.7758	1908.45	5.81	238.4930
总人口（*Tpopul*）	636	391.008	329.30	3048.43	15.51	414.2562
地方一般预算收入（*Revenue*）	636	112.5844	49.305	2227.9	0.9825	222.9225

在第5.1节中本章构造了四个变量，分别代表被解释变量、解释变量和控制变量，因此在这里也将对构造变量在2005～2016年样本期间的基本统计特征加

以说明，具体情况如表 5. 3 所示。

表 5. 3　构造变量描述性统计特征

变量名	样本量	平均值	中位数	最大值	最小值	标准差
投资强度（*Intensity*）	636	63. 2558	18. 48517	12460	0. 536601	503. 0506
土地配给系数（*Landrate*）	636	0. 488072	0. 546118	0. 995828	-2. 826650	0. 402896
城镇化率（*Cityrate*）	636	0. 466714	0. 444717	0. 845993	0. 112284	0. 152209
地方政府努力水平（*Gcapital*）	636	11. 994320	9. 934958	44. 705830	1. 989012	6. 723070

5. 4　模型的设定

本书在第 4. 3. 1 节中就投资强度与工业用地配给水平之间的关系给出了数理模型的解释，并提出了推论一。为了证明推论一的有效性，有必要通过构建计量模型加以检验。为了避免在回归方程中可能出现的异方差和残差非正态分布问题，同时考虑到回归方程中各因素的相互关系经常是几何形式，使数据呈现方式接近于线性方程形式，从而更好地进行统计推断，对所有自变量和因变量进行对数变换，构建如下计量回归模型：

$$\mathrm{Ln}Landrate_{it} = C_{it} + \beta_1 \mathrm{Ln}Intensity_{it} + \beta_2 \mathrm{Ln}Tpopul_{it} + \beta_3 \mathrm{Ln}Fixedin_{it} + \beta_4 \mathrm{Ln}Cityrate_{it} + \beta_5 \mathrm{Ln}Gcapital_{it} + \varepsilon_{it} \tag{5.3}$$

其中，$Landrate_{it}$代表代表 i 城市在 t 年份的土地配给系数，$Intensity_{it}$代表 i 城市在 t 年份的投资强度，$Tpopul_{it}$代表 i 城市在 t 年份的城市总人口，$Fixedin_{it}$代表 i 城市在 t 年份的全社会固定资产投资，$Cityrate_{it}$代表 i 城市在 t 年份的城镇化率，$Gcapital_{it}$代表 i 城市在 t 年份的政府努力程度，C_{it}代表截距项，ε_{it}表示随机扰动项，β_1，β_2，…，β_5 代表不同变量的回归系数。

5.5 面板数据的单位根检验与协整关系检验

计量经济学理论已经指出，在对面板数据变量进行回归分析之前，一般需要对数据的平稳性进行检验，根据检验的结果，决定是否需要进行后续技术处理，避免出现“伪回归”或虚假回归问题，保证回归分析结果的有效性。如果单位根检验所有变量都是平稳的，则可以直接进行回归分析；如果单位根检验发现存在非平稳序列，则需要进行协整检验。由于本章所用的面板数据涵盖 12 个年份，时期较长，并且经济与社会数据往往容易出现非平稳现象。所以，本章将对面板数据变量进行单位根检验，并根据单位根检验的结果判断是否进行协整检验。

5.5.1 单位根检验

单位根检验又被称为单位根过程，是指检验序列数据中是否存在单位根。如果证明序列数据中存在单位根，那么这个序列数据就是非平稳序列。单位根过程不平稳，会导致回归分析中可能出现伪回归。目前，单位根检验已经成为统计分析中普遍采用的一种检验数据平稳性的方法。

面板数据单位根的检验方法较多，一般分为相同根单位根检验和不同根单位根检验两种。相同根检验的方法主要有 LLC 检验、Breitung 检验和 Hadri 检验；不同根单位根检验主要有 Im – Pesaran – Skin 检验、Fisher – ADF 检验和 Fisher – PP 检验。参考高铁梅（2009）、陈强（2014）等对单位根检验方法的比较分析，考虑到不同检验方法的假设不同，为了提高检验的精度，保障检验的有效性，本章使用 EViews 10. 0 软件分别使用 LLC、IPS、Fisher – ADF、Fisher – PP 四种检验方法对面板变量数据进行单位根检验。如果上述四种方法中，有两种及两种以上的检验结果拒绝存在单位根的原假设，则可以认为此序列是平稳的，反之认为该序列为非平稳序列。单位根检验的结果如表 5. 4 所示。

表 5.4　样本数据的单位根检验统计量及显著性

变量/检验方法	LLC 检验	IPS 检验	ADF 检验	PP 检验	综合结论
Intensity	-1.32325 * [0.0929]	2.97047 [0.9985]	92.1436 [0.8290]	76.4031 [0.9866]	不平稳
Ln*Intensity*	-11.4723 *** [0.0000]	-3.57510 *** [0.0002]	155.257 *** [0.0013]	268.353 *** [0.0000]	平稳
Landrate	-10.5491 *** [0.0000]	-3.40471 *** [0.0003]	158.995 *** [0.0007]	128.401 * [0.0685]	平稳
Ln*Landrate*	-11.8229 *** [0.0000]	-1.53895 * [0.0619]	119.942 [0.1084]	146.427 *** [0.0026]	平稳
Tpopul	-3.71006 *** [0.0001]	1.80357 [0.9644]	86.9273 [0.9117]	98.1446 [0.6940]	不平稳
Ln*Tpopul*	-5.28133 *** [0.0000]	1.03340 [0.8493]	96.3872 [0.7373]	134.929 ** [0.0423]	平稳
Cityrate	-1.41301 * [0.0788]	5.34950 [1.0000]	69.5741 [0.9976]	108.275 [0.4204]	不平稳
Ln*Cityrate*	-6.23951 *** [0.0000]	2.00191 [0.9774]	103.840 [0.5412]	191.558 *** [0.0000]	平稳
Fixedin	21.5793 [1.0000]	19.6693 [1.0000]	24.0843 [1.0000]	9.51663 [1.0000]	不平稳
Ln*Fixedin*	-15.2012 *** [0.0000]	-3.95525 *** [0.0000]	174.203 *** [0.0000]	271.192 *** [0.0000]	平稳
Gcapital	0.52500 [0.7002]	3.51637 [0.9998]	88.3996 [0.8919]	93.3347 [0.8053]	不平稳
Ln*Gcapital*	-3.21526 *** [0.0007]	1.00638 [0.8429]	115.689 [0.2446]	137.953 ** [0.0201]	平稳

注：①表中［］内数据为 P 值，P 值上面是不同检验的结果，LLC 检验为 t 统计量，IPS 检验为 W 统计量，ADF 和 PP 检验为卡方统计量；②单位根检验值与 P 值精确到小数点后 4 位；③ *** 、 ** 、 * 分别表示在 1%、5% 和 10% 显著性水平上拒绝存在单位根的原假设。

从表5.4中可以看出，原始变量 *Intensity*、*Tpopul*、*Cityrate* 采用四种方法进行检验，除LLC检验结果拒绝存在单位根的原假设外，其他三个检验的结果均不拒绝原假设，因此判定这些变量是非平稳序列。对上述原始变量取对数后再进行单位根检验，对数变量 Ln*Intensity* 的四种检验结果，均在0.01水平上拒绝变量存在单位根的原假设，即面板数据为平稳序列。对数变量 Ln*Tpopul* 的LLC检验通过了0.01水平上的显著性检验，PP－Fisher检验结果通过了0.05水平的显著性检验，IPS和ADF－Fisher检验的结果不拒绝变量存在单位根的原假设，综合上述检验结果，认为该对数变量是平稳的。对数变量 Ln*Cityrate* 的LLC和PP－Fisher检验结果通过了0.01水平的显著性检验，IPS和ADF－Fisher检验的结果不拒绝变量存在单位根的原假设，因此判定该对数变量是平稳的。原始变量 *Fixedin*、*Gcapital* 使用四种方法进行检验，均不拒绝存在单位根的原假设。对其取对数后再次进行检验，对数变量 Ln*Fixedin* 的四种检验结果均在0.01显著水平上拒绝原假设。对数变量 Ln*Gcapital* 的LLC检验通过了0.01水平的显著性检验，PP－Fisher的检验结果通过了0.05水平的显著性检验，IPS和ADF－Fisher检验结果不拒绝原假设，判定该变量是平稳序列。原始变量 *Landrate* 的LLC、IPS和ADF－Fisher检验结果均在0.01显著水平上拒绝原假设，PP－Fisher检验结果在0.1水平上拒绝原假设，因此该变量是平稳的。对数变量 Ln*Landrate* 的LLC和PP－Fisher检验结果，通过了0.01水平上的显著性检验，IPS检验结果通过了0.1水平上的显著性检验，但ADF－Fisher检验结果无法拒绝原假设，综合判定对数变量 Ln*Landrate* 是平稳序列。

综上所述，原始变量 *Intenity*、*Landrate*、*Tpopul*、*Fixedin*、*Cityrate*、*Gcapital* 既存在平稳序列，也存在非平稳序列。但是对数变量 Ln*Intenity*、Ln*Landrate*、Ln*Tpopul*、Ln*Fixedin*、Ln*Cityrate*、Ln*Gcapital* 中每一个变量的面板数据都至少有两种检验结果通过了0.1水平上的显著性检验，因此，可以判定上述所有对数变量是平稳的，可以进行接下来的回归分析，不会存在伪回归问题。

5.5.2 协整关系检验

为了避免出现“伪回归”问题，通常计量经济学在进行时间序列回归分析前，要求所使用的时间序列必须是平稳的。李子奈和齐良书（2010）也指出，一些非平稳的时间序列虽然不一定有直接的联系，但却有可能表现出共同的变化趋势，导致出现虚假回归或伪回归问题。但 Engle 和 Granger（1987）却提出，两个或多个非平稳的时间序列的线性组合可能是平稳的或是较低阶单整的。这种非平稳时间序列的线性组合反映出的变量之间的长期稳定关系，被称为协整关系。如果两个或多个非平稳的时间序列能够通过协整检验，证明变量之间存在长期稳定关系，那么这些非平稳的时间序列也可以用于时间序列回归分析。

协整检验方法的出现极大地改善了面板分析的适用范围，只要解释变量与被解释变量在单位根检验时是同阶单整的，就可以进行协整检验，使对非平稳时间序列的回归分析成为可能。从本章前面的单位根检验结果来看，虽然原始变量中存在非平稳序列，但是对数变量都是平稳序列。结合第 5.4 节的模型设计，主要是在对数变量之间进行回归检验，因此可以不进行协整检验，直接进入下一步回归分析，也不会出现伪回归问题。

5.6 计量模型的估计与结果分析

5.6.1 面板模型的估计

5.6.1.1 模型类型检验

根据常数项和变量系数的不同，面板数据模型可分为混合回归模型、变截距模型和变系数模型。为了保证参数估计的有效性，必须对模型的设定形式进行检验，以确定样本数据的匹配模型形式。目前，最常用的方式是对 F 统计量进行协方差检验。

本章首先通过 EViews 10.0 软件获得变系数模型、变截距模型和混合模型的残差平方和；其次人工计算 F_1 和 F_2 统计量，最后通过 F 分布临界值来判断适合的模型类型。第一步，对 F_2 统计量进行检验。如果 F_2 的值小于 0.05 显著水平下的临界值，则接受备择假设，即选择混合模型。第二步，如果 F_2 拒绝备择假设，再对 F_1 统计量进行检验。如果 F_1 的值小于 0.05 显著水平下的临界值，则接受原假设，即采用变截距模型；反之，则采用变系数模型。检验的结果如表 5.5 所示。

表 5.5　协方差检验结果

变量	F_1	P 值	F_2	P 值
Ln*Landrate*	1.030033	0.420970	23.709378	0.0000

表 5.5 的结果显示，被解释变量 F_2 统计量的检验结果在 0.01 显著水平上拒绝备择假设，即意味不可能选择混合模型。而 F_1 统计量的检验结果显示在 0.05 显著水平上无法拒绝原假设，即采用变截距模型。

5.6.1.2　Hausman 检验

任何形式的回归模型都包括随机效应和固定效应两种形式。通常来说，随机效应模型是指通过用样本数据推断总体特征；固定效应模型是指直接对样本数据进行分析。对于效应模型的选择，最普遍的做法是进行 Hausman 检验。Hausman 检验的结果如果在 0.05 水平上显著，表示拒绝原假设为面板模型应使用随机效应模型，即应选择固定效应模型；反之则表示接受原假设，即为随机效应模型。

表 5.6 的 Hausman 的检验结果显示，检验结果无效。对于 Hausman 检验结果无效的原因最大的可能是在小样本情况下[①]系数协方差为负，所以导致 Hausman 的检验结果无效。对于出现这种情况的效应模型选择，EViews 官方所给的解释是不强制接受原假设，即可以选择固定效应模型。[②] 有研究者也指出选择什么类型的效应模型，应根据研究的目的决定。[③] 如果是对确定截面数据进行回归，应选择固定效应；如果是对随机抽取的样本数据进行回归，则选择随机效应模型。同时，可以参考不同模型的回归结果，如果固定效应和随机效应的回归结果差异不大，则应选择固定效应模型；如果差异较大，则应选择随机效应模型。

① 对于小样本和大样本目前并没有明确的界定，属于经验把握。但有研究认为，N > 200，T > 20 可以认为是大样本。

② 参见 http://forums.eviews.com/viewtopic.php?f=4&p=6573。

③ 参见 https://bbs.pinggu.org/thread-1492190-1-1.html。

表 5.6 Hausman 检验结果

被解释变量	回归方程	
	Chi - Sq 统计量	P 值
Ln*Landrate*	5	1.0000
* 横截面测试方差无效。Hausman 统计量设置为零。		

综上所述，本章将选择固定效应模型进行回归分析，同时，出于稳健性考虑，本章也将采用随机效应模型对回归方程进行分析，并将随机效应模型的回归结果与固定效应模型的结果进行比较。

5.6.2 固定效应模型的估计结果与分析

本章以土地配给系数为被解释变量，以投资强度为解释变量，也采取逐次添加控制变量的方法，对回归方程进行简单 OLS 回归分析。主要目的是在确保不含控制变量的基准模型的回归分析结果的基础上，兼顾控制变量对土地配给系数的影响分析，同时对模型的稳健性进行检验。表 5.7 显示的是固定效应模型下，投资强度对城市工业用地配给系数影响的实证分析结果，其中第一列给出的结果表示不含控制变量的基准模型的回归分析结果，其他各列的结果表示在基准模型的基础上，逐次添加控制变量后回归分析的结果。

表 5.7 固定效应模型下投资强度与土地配给系数的实证结果

	模型（1）	模型（2）	模型（3）	模型（4）	模型（5）
Ln*Intensity*	0.076466*** (4.122612)	0.084495*** (4.522584)	0.161101*** (7.474353)	0.251888*** (8.368174)	0.270604*** (8.882387)
Ln*Tpopul*		-0.760936*** (-2.755823)	-1.049305*** (-3.886597)	-0.763357*** (-2.783940)	-0.599174*** (-2.162100)
Ln*Cityrate*			-0.716785*** (-6.475664)	-0.399535*** (-3.025182)	-0.345745*** (-2.615958)
Ln*Fixedin*				-0.191767*** (-4.253083)	-0.271835*** (-5.265177)

续表

	模型（1）	模型（2）	模型（3）	模型（4）	模型（5）
Ln*Gcapital*					0.279207*** （3.106175）
常数项	-0.927096*** （-16.16093）	3.357047** （2.157755）	4.185509*** （2.779547）	3.760492** （2.530548）	2.662803*** （1.756369）
调整 R^2	0.475566	0.481395	0.517688	0.532404	0.539747
样本量	636	636	636	636	636
F 值	11.42840***	11.45596***	12.86644***	13.35894***	13.50204***

注：①表中（）内数值为t值，t值上面的为系数；②*、**、***分别表示在10%、5%和1%水平上显著。

表5.7第一列的结果显示，当仅将投资强度作为解释变量时，该解释变量回归系数的估计值为0.076466，并且在0.01显著水平上通过了显著性检验，说明投资强度对工业用地土地配给程度具有显著影响。调整 R^2 值为0.475566，F值在0.01水平上通过显著性检验，说明模型的拟合程度较好，解释变量对被解释变量的解释程度较强。在本书的第4.3.1节投资强度对土地配给的作用机理分析中提出推论一：投资强度会提高土地配给水平。而基准模型的回归结果显然对推论一提供了有力的支持。

在第二列增加了控制变量城市总人口指标，代表人口的资源禀赋水平。工业一般来说是资本密集型产业，但并不一定都是劳动密集型产业。随着城市总人口的增加，人力资本对于土地的替代作用会越来越明显，从而减少对工业用地的需求，使土地配给水平降低。第二列的结果显示，控制变量的回归系数估计值为-0.760936，并且通过了0.01水平上的显著性检验。控制变量回归系数估计值的符号为负，说明城市总人口的增加降低了工业用地的配给水平，与本章的预期一致。与此同时，解释变量回归系数的估计值、符号和显著性水平没有发生大的变化，模型的稳健性较好。

在第三列增加了控制变量城镇化水平，代表一个地区的经济发展水平。已经有大量的研究证明，一个地区的经济发展水平与城镇化水平密切相关。而城镇化水平的提高绝不仅是农村人口向城市人口的集中，也代表着产业结构的优化和升级。王秋红和李梦杰（2015）、何景熙和何懿（2013）、孙晓华和柴玲玲（2012）都证明中国的城镇化过程与第二、第三产业的发展都呈正相关关系，但对第三产业的影响更大。因此可以预见，随着城镇化率的提高，工业在国民经济中的比重会逐渐降低，对土地的需求减少，进而降低土地配给水平。从第三列显示的结果来看，控制变量回归系数的估计值为 -0.716785，并且通过了 0.01 水平上的显著性检验，这与本章的预期是相符的。与此同时，解释变量回归系数的估计值、符号和显著性水平并没有发生显著改变，模型的稳健性较好。

在第四列本章增加控制变量全社会固定资产投资指标，代表一个地区的资金充沛情况。很显然，资金越充沛，资金对土地的替代作用就越强，导致土地配给水平下降。因此可以预期，全社会固定资产投资越高，则土地的配给水平越低。第四列的结果显示，全社会固定资产投资指标的回归系数估计值为 -0.191767，并且通过了 0.01 水平上的显著性检验，与本章的预期结果一致。同时，解释变量回归系数的估计值、符号和显著性水平没有发生大的变化，模型稳健性较好。

在第五列增加控制变量政府努力水平，代表一个地区的制度差异变量。可以预期，一个地区的政府越努力，招商引资环境越好，对土地的需求就越高，则土地的配给水平就越高。第五列的结果显然支持本章的预期。控制变量的回归系数估计值为 0.279207，并且通过了 0.01 水平上的显著性检验。而且解释变量回归系数的估计值、符号和显著性水平没有发生大的变化，模型的稳健性较好。

综合来看，投资强度与土地配给系数之间存在较为显著的正相关关系，模型拟合度较好，解释能力较强。随着控制变量的增加，被解释变量与解释变量之间的这种正相关关系相对比较稳定，模型拟合程度得到一定的提高，模型整体的解释能力较强。

5.6.3 随机效应模型的估计结果与分析

根据 Hausman 检验的结果，为了确保回归分析结果的稳健性，本章将采用随机效应模型对投资强度与土地配给系数的关系进行估计，仍然以土地配给系数作为被解释变量，以投资强度作为解释变量，由于在固定效应模型结果分析过程中，已经对控制变量的作用进行了讨论，这里将不再进行逐次添加控制变量，而是一次性将控制变量纳入方程，对回归方程采用简单 OLS 回归分析。最后，将随机效应模型的估计结果与固定效应模型的估计结果进行比较，确保估计结果的稳健性。表 5.8 显示的是在随机效应模型下，投资强度与土地配给系数关系的实证分析结果。

表 5.8　随机效应模型下投资强度与土地配给系数关系的实证结果

变量	常数项	Ln*Intensity*	Ln*Tpopul*	Ln*Cityrate*	Ln*Fixedin*	Ln*Gcapital*
Coefficient	-0.978551	0.233834	0.135234	-0.045909	-0.248320	0.134304
Std. Error	0.399215	0.026689	0.077472	0.115874	0.045911	0.069090
t - Statistic	-2.451185	8.761281	1.745584	-0.396193	-5.408755	1.543908
Prob.	0.0145	0.0000	0.0814	0.6921	0.0000	0.0424
样本量	636	636	636	636	636	636
调整 R^2	0.311672					
F 值	16.00980					
Prob.	0.000000					

将表 5.8 的结果与表 5.7 最后一列进行对比可以发现，随机效应模型下解释变量回归系数的估计值与固定效应模型下解释变量回归系数的估计值只存在微小的差异，两者在符号上是一致的，都通过了 0.01 水平上的显著性检验，这说明无论是固定效应模型还是随机效应模型，解释变量与被解释变量之间的正相关关系都是显著的，可以支持本书在第 4.3.1 节提出的推论一的结论。再考虑控制变量的情况，通过对比可以发现，控制变量 Ln*Cityrate*、Ln*Fixedin*、Ln*Gcapital* 的回归系数在随机效应模型下的估计值和固定效应模型下的估计值符号方向一致。控制变量 Ln*Fixedin* 通过了 0.01 水平上的显著性检验，控制变量 Ln*Gcapital* 通过了 0.05 水平上的显著性检验，比固定效应模式下的显著性水平稍差，但仍然支持控制变量与被解释变量之间存在显著的正相关关系。但是控制变量 Ln*Cityrate* 没能通过显著性检验。控制变量 Ln*Tpopul* 和截距项虽然分别通过了 0.1 显著性水平和 0.05 显著性水平上的检验，但是在随机效应下回归系数估计值的符号方向与固定效应下的符号方向相反。结合控制变量 Ln*Cityrate* 没能通过显著性检验，本章认为这可能是由于不同地区城镇化的驱动因素不同，导致人口对于土地的替代作用没有充分发挥，因而使回归系数估计值的显著性和符号发生改变。再观察回

归模型的 F 值虽然通过了 0.01 水平上的显著性检验，但是 R^2 仅为 0.311672，说明模型整体的拟合度一般，模型的解释力有待加强，还存在进一步完善的空间。

总体来看，随机效应模型的结果支持固定效应模型所得出的投资强度与土地配给存在正相关关系的结论，为第 4.3.1 节提出的推论一提供了实证数据支持。但是对于个别控制变量与土地配给的关系则存在差异。从模型的解释力来看，随机效应模型的解释力要弱于固定效应模型，这也从另一个角度说明了选择固定效应模型的合理性。

5.7 内生性检验

从上一节回归分析的结果来看，固定效应模型和随机效应模型的结果存在一定的差异。为了提高回归分析结果的稳健性，本节将对回归模型进行内生性检验。

从本章研究目的出发，参考相关文献的方法，本章选择解释变量的滞后一期作为工具变量。主要是因为：第一，本章的研究重点是分析解释变量与被解释变量的相关性，需要排除解释变量是内生性变量的可能；第二，投资活动是一个连续性的行为，具有一定的连贯性。一般情况下，上一期的投资强度与当期的投资强度呈正相关，满足相关性假定。而滞后期的投资强度程度与当期的土地配给水平无关，满足与误差项无关的假设。表 5.9 显示以投资强度指标的滞后一期为代理变量，采用工具变量法进行回归的结果。

表 5.9　内生性检验分析结果

变量	常数项	Ln*Intensity*（-1）	Ln*Tpopul*	Ln*Cityrate*	Ln*Fixedin*	Ln*Gcapital*
Coefficient	2.322595	0.121455	-0.558769	-0.333634	-0.156231	0.223590
Std. Error	1.757854	0.031925	0.321332	0.147955	0.059711	0.099904
t-Statistic	1.321267	3.804390	-1.738917	-2.254966	-2.616437	2.238058
Prob.	0.187	0.0002	0.0827	0.0246	0.0092	0.0257

续表

变量	常数项	Ln*Intensity*（-1）	Ln*Tpopul*	Ln*Cityrate*	Ln*Fixedin*	Ln*Gcapital*
样本量	583	583	583	583	583	583
调整 R^2	0.498903					
F 值	10.72507					
Prob.	0.000000					

注：表中（-1）表示变量的滞后一期。

由表5.9的结果来看，投资强度滞后一期对于土地配给水平的影响是显著的，投资强度滞后一期的回归系数估计值与基准模型估计值的方向一致，也通过了0.01显著性水平下的显著性检验，与基准模型的显著性结果类似。而且从F检验的显著性水平来看，通过了0.01显著性水平下的显著性检验，说明工具变量与原解释变量是相关的。综上所述，可以认为原解释变量是外生性变量。

5.8 稳健性检验

稳健性检验关注的是回归方程的分析方法和指标解释能力的强壮性，即当改变回归方程的分析方法和指标时，回归分析的结果是否能够保持比较一致、稳定的解释。也就是说，当改变回归方程的分析方法或指标设定时，进行重复的实验，来观察回归分析的结果是否随着回归方程的分析方法或指标设定的改变而发生变化。

从本章对于回归方程的分析过程中可以看出，在固定效应模型分析过程中，本章采用逐次回归法，将控制变量逐次纳入回归方程，结果显示解释变量回归系数估计值的显著性和符号，在不同的回归方程中始终保持不变。其后又采用随机效应模型对被解释变量与解释变量的关系进行分析，虽然随机效应模型的结果与固定效应模型的结果存在一定的差异，但是在关于解释变量回归系数的估计上，固定效应模型和随机效应模型保持一致。总体来说，本章的结果是稳健和可信的，为第4.3.1节提出的推论一提供了实证数据支持。

下面本章将通过改变样本数据分组，然后分别对分组数据重新进行检验的方式，对解释变量与被解释变量的关系进行再次检验，进一步地确认回归结果的稳健性。为了更好地体现解释变量的制度特点，淡化区域差异的影响，本章根据样本分布的区域特征，将2005~2016年的样板数据分为西北和西南两个组，西北组包括内蒙古、陕西、甘肃、宁夏、青海、新疆六个省级行政单位，共28个样本城市。西南组包括四川、重庆、贵州、广西、云南、西藏六个省级行政单位，共25个样本城市。

在分组回归分析中，本章采取与总体样本同样的回归分析步骤，首先对相关变量进行单位根检验，单位根检验的结果（为了避免与前面重复，此处省略）显示分组数据可以直接进行回归分析，然后选择固定效应模型，将所有控制变量全部纳入模型，对分组数据进行回归分析，结果如表5.10所示。

表5.10　投资强度与土地配给关系的分组回归结果

西北组	常数项	Ln*Intensity*	Ln*Tpopul*	Ln*Cityrate*	Ln*Fixedin*	Ln*Gcapital*
Coefficient	-1.762177	0.299068	0.306054	-0.238067	-0.430278	0.384625
Std. Error	2.465391	0.057769	0.487720	0.192437	0.084935	0.162727
t-Statistic	-0.714766	5.176955	0.627520	-1.237117	-5.065944	2.363629
Prob.	0.4754	0.0000	0.5309	0.2171	0.0000	0.0188
样本量	336	336	336	336	336	336
调整 R^2	0.573792					
F值	14.14859					
Prob.	0.000000					
西南组	常数项	Ln*Intensity*	Ln*Tpopul*	Ln*Cityrate*	Ln*Fixedin*	Ln*Gcapital*
Coefficient	4.884992	0.211444	-1.03089	-0.436783	-0.110732	0.166399
Std. Error	1.935896	0.030206	0.320400	0.177418	0.060162	0.091240
t-Statistic	2.523376	7.000054	-3.217515	-2.461880	-1.840543	1.823744
Prob.	0.0122	0.0000	0.0014	0.0144	0.0668	0.0693
样本量	300	300	300	300	300	300
调整 R^2	0.474033					
F值	10.10271					
Prob.	0.000000					

表 5. 10 的结果显示：第一，无论是西北组还是西南组，解释变量回归系数估计值的符号和显著性水平与基准模型的符号和显著性水平一致，说明解释变量与被解释变量之间的相关性在分组数据中也是显著的；第二，从解释变量回归系数估计值大小来看，西北组的回归系数要大于西南组，说明在西北地区投资强度对土地配给水平的影响更为显著；第三，西南组、西北组控制变量的显著性水平存在一定差距，西南组所有控制变量至少在 10% 水平上是显著的，而西北组则有三个控制变量不显著，说明在西北地区内部还存在区域内差异变量对工业用地的配给水平构成影响。

总体来说，分组后的回归分析结果与总体样本的回归分析结果一致，证明本章的实证检验结果是稳健的。

5. 9　本章小结

本章在第 4. 3. 1 节投资强度对土地配给作用机理的分析基础上，以 2005 ~ 2016 年西部地区拥有国家级开发区的 53 个地级市的数据为样本，选择对数回归模型，将投资强度作为解释变量，将城市化率、地方政府努力水平、全社会固定资产投资、城市总人口四个变量作为控制变量，构造了一个多元回归模型，通过实证分析来验证本章在第 4. 3. 1 节提出的推论一是否成立，分析不同控制变量与被解释变量的关系。

通过对面板数据进行单位根检验、协方差分析检验和 Hausman 检验，本章确定采用固定效应变截距模型对面板数据进行分析，同时，为了确保分析结果的稳健性，采用随机效应模型对固定效应变截距模型的结果进行对比分析，并对回归分析的结果进行内生性和稳健性检验，确保模型回归结果的稳健性和可靠性。模型的回归分析结果得到如下结论：

（1）投资强度与土地配给水平呈显著正相关关系。这与本书在第 4. 3. 1 节所提出的推论一是一致的。模型的解释力较强，为本书第 4 章提出的“土地配给”假说提供了实证支持。

（2）通过将不同控制变量逐次纳入回归模型进行回归分析。结果显示在不同回归模型下投资强度与土地配给水平之间的正向关系是稳健的。而随机效应模型与固定效应模型在投资强度与土地配给系数相关性方面结论一致。

（3）通过将解释变量的滞后一期作为代理变量纳入模型，进行内生性检验。结果可以认为解释变量是外生的，模型的检验结果可信。

（4）将总体样本重新分组，进行稳健性检验。检验结果显示，解释变量与被解释变量的相关性是显著的。西北地区投资强度对土地配给水平的影响比西南地区更为明显。总体来说，模型的检验结果是稳健和可信的。

（5）将不同控制变量纳入模型进行分析，发现不同控制变量与被解释变量的关系与本书第 2 章的理论分析结果一致。在稳健性检验中，发现在西北地区内部可能存在区域特征对控制变量构成影响。

第6章　市场收益率对土地配给影响效应的实证研究

本书在第4.3.2节“市场收益率对土地配给的作用机理”分析中提出了推论二：随着市场收益率的上升，工业用地的配给水平会不断提高。为了对上述推论进行检验，本章依然选择土地配给系数指标来衡量土地配给水平，采用面板数据和多变量回归方法，检验市场收益率与土地配给的关系，为推论二提供实证数据支持。实证回归中其他控制变量的选择，则根据土地配给的影响因素、样本数据的可得性和本章的研究目加以确定，将其他差异因素可能对土地配给产生的潜在影响也考虑进去。

本章依然采用第5章的计量分析框架：第6.1节对回归分析所选取的变量进行详细说明；第6.2节对回归分析使用的样本进行说明；第6.3节对面板数据的来源进行说明，并对使用的变量数据进行统计性描述；第6.4节构建一个计量模型，即包括市场收益率解释变量和其他控制变量在内的土地配给回归方程；第6.5节将对样本数据进行单位根检验和协整分析，确认不会出现伪回归问题；第6.6节对样本数据分别采用固定效应模型和随机效应模型进行回归分析，并对不同模型的回归结果进行分析和对比；第6.7节对回归分析的结果进行内生性检验；第6.8节对回归分析结果的稳健性检验进行说明；第6.9节对本章进行了小结。本章使用EViews 10.0软件，对数据进行实证回归分析。

6.1 变量的选取

6.1.1 被解释变量的选取

本章的重点在于考察市场收益率变化对土地配给的影响。因此，本章也以土地配给系数 *Landrate* 为被解释变量，指标的构造方法与上一章相同。其中，工业增加值和 GDP 数据来源于所选样本城市所在省份历年统计年鉴及统计公报。工业用地和建设用地数据来自住房和城乡建设部发布的历年《中国城市建设统计年鉴》公布的相关数据。

6.1.2 解释变量的选取

解释变量为工业投资回报率，用 *Return* 表示。目前有关投资回报率的研究中，最普遍的做法是以投资回报的滞后一期作为解释变量。这主要是因为与其他变量不同，投资回报率与土地配给系数不是同步产生的，政府往往会根据上一期的市场收益率水平，来预期当期的市场收益率，进而对当期的土地配给系数产生影响，所以选择滞后一期投资回报率作为解释变量能更准确地反映解释变量与被解释变量的关系。同时，由于我国金融市场的利率市场化进程还未完成，市场的运行效率还有待提高，产权结构差异、区域差异、行业差异等因素都对资金的跨地区流动构成一定的影响，全国性统一的利率市场还未有效建立。为了更好地体现不同区域项目风险的差异，本章选择不同地区的工业投资回报率作为市场利率的度量指标。综上所述，以工业投资回报率的滞后一期 *Return*(-1)作为解释变量，计算公式为：

工业投资回报率滞后一期 = 上一年工业利润/上一年工业投资　　(6.1)

其中，工业利润、工业投资数据来源于所选样本城市所在省份历年统计年鉴及统计公报。对于个别城市和年份未公布相关数据，以规模以上工业利润和工业投资数据（年销售收入 500 万元以上的企业）替代。

6.1.3 控制变量的选取

由于本章与第5章的被解释变量相同，因此在选择控制变量时，优先考虑与第5章相同的变量。但是由于本章的解释变量与第5章的解释变量不同，所以为了避免出现共线性问题，需要对控制变量与解释变量的关系进行分析。通过回归分析，本章发现城市总人口指标和政府努力水平指标与解释变量之间可能存在一定的正相关关系。

本章认为，解释变量工业投资回报率指标反映的是一个地区工业企业的收益水平。企业收益水平越高，对于地方经济的带动效应越强，对于域外人口的吸引力越强，城市总人口增加越快，因此城市总人口指标与工业企业投资收益率指标之间可能存在一定的共线性。而对于政府努力水平指标而言，一个地区的政府的努力程度越高，投资环境越好，本地企业的平均投资回报率就会越高，因此政府努力水平与工业投资回报率之间也可能存在一定的共线性。

同时，本章将增加GDP指标作为控制变量指标。GDP指标通常用来表示市场规模，由杨格（1928）提出，迪克西特和格罗斯曼（1982）、杨小凯和黄有光（1993）、格罗斯曼和海尔普曼（2002）等发展的分工理论指出，分工协调成本（制度成本）对市场规模具有重要影响，分工协调成本越低，市场规模越大。对于地方政府而言，除了招商引资外，优化投资环境、降低制度成本，也是政府努力水平的另一种表现形式，因此GDP指标也可以从另一个方面衡量地方政府的努力水平。土地配给作为一种价格机制失灵时的资源配置方式，可以预期GDP的规模与土地配给水平呈负相关关系。

综上所述，本章将选择GDP、全社会固定资产投资、城镇化率指标为控制变量。预期GDP与被解释变量呈负相关，全社会固定资产投资和城镇化率指标与被解释变量的关系与第5章一致。

6.2 样本的选取

本章主要关注的是市场收益率变化对工业用地土地配给程度的影响。为了便于与第5章的结论进行比较，同时为第4章的推论二提供实证数据支持，本章选择与第5章同样的城市作为分析样本，即以西部地区拥有国家级开发区的53个地级城市作为样本。具体样本城市名单如表5.1所示。

6.3 数据来源与统计性描述

6.3.1 数据来源

本章的研究目的是对工业投资收益率和土地配给系数之间的关系进行实证检验。其中，GDP、工业增加值、全社会固定资产投资、工业利润、工业投资、城镇人口、总人口等指标来自各样本城市所属省份历年统计年鉴、各样本城市历年统计年鉴及统计公报，工业用地数量和建设用地数量的数据来自历年《中国城市建设统计年鉴》。对于未公布全部工业增加值的城市和年份以规模以上工业企业工业增加值指标替代；对于未公布城镇人口数量的城市和年份以非农业人口指标替代。

本章使用的数据包括西部地区12个省份的53个城市，时间跨度为2005～2016年，总计12年，样本总量为636个。本章在计量回归分析中使用的所有被解释变量、解释变量和控制变量都取自然对数值。

6.3.2 变量的统计描述

为了更直观地观察选取变量的变化情况，本章在此对后面进行的实证检验所需使用的原始选取变量在 2005 ~ 2016 年样本期间的基本统计特征加以说明，具体情况如表 6.1 所示。

表 6.1　原始选取变量描述性统计特征

变量名	样本量	平均值	中位数	最大值	最小值	标准差
GDP	636	1274.244	780.125	17740.59	17.36	1820.533
工业增加值（*Indusadd*）	636	507.1703	310.37	6040.53	5.75	707.5931
工业用地（*Indusland*）	636	19.74193	10.61	246.83	0.01	29.68391
建设用地（*Consland*）	636	110.4486	59.9	1179.57	0.22	148.3386
全社会固定资产投资（*Fixedin*）	636	994.2645	538.66	17361.12	8.61	1581.779
工业利润（*Profit*）	636	23.68625	8.568326	465.0665	-23.33199	43.67091
工业投资（*Inousinvest*）	636	345.1244	206.295	5666.36	0.58	503.1417
城镇人口（*City*）	636	185.209	132.7758	1908.45	5.81	238.493
总人口（*Tpopul*）	636	391.008	329.3	3048.43	15.51	414.2562

在第 6.1 节中本章构造了被解释变量、解释变量和控制变量，因此在这里也将对构造变量在 2005 ~ 2016 年样本期间的基本统计特征加以说明，具体情况如表 6.2 所示。

表 6.2　构造变量描述性统计特征

变量名	样本量	平均值	中位数	最大值	最小值	标准差
工业投资回报率（*Return*）	636	0.061318	0.04973	0.385443	-0.065442	0.054049

续表

变量名	样本量	平均值	中位数	最大值	最小值	标准差
土地配给系数（*Landrate*）	636	0. 488072	0. 546118	0. 995828	-2. 82665	0. 402896
城镇化率（*Cityrate*）	636	0. 466714	0. 444717	0. 845993	0. 112284	0. 152209

6.4 模型的设定

本书在第 4. 3. 2 节中就工业投资回报率与土地配给水平之间的关系给出了数理模型的解释，并以此为基础提出了推论二。为了对推论二提供必要的实证基础支持，有必要通过构建计量模型加以检验。参照第 5 章的模型设定方法，考虑在回归方程中可能出现的异方差和残差非正态分布问题。同时，考虑到回归方程中各因素的相互关系经常是几何形式，为了使数据的呈现方式接近于线性方程形式，从而更好地进行统计推断，对所有自变量和因变量进行对数变换，构建如下计量回归模型：

$$\ln Landrate_{it} = C_{it} + \beta_1 \ln Return(-1)_{it} + \beta_2 \ln Fixedin_{it} + \beta_3 \ln GDP_{it} \\ \beta_4 \ln Cityrate_{it} + \varepsilon_{it} \tag{6.2}$$

其中，$Landrate_{it}$代表 i 城市在 t 年份的工业用地土地配给系数，$Return(-1)_{it}$代表 i 城市在 t 年份的工业投资回报率滞后一期，$Fixedin_{it}$代表 i 城市在 t 年份的全社会固定资产投资，GDP_{it}代表 i 城市在 t 年份的 GDP 规模，$Cityrate_{it}$代表 i 城市在 t 年份的城镇化率，C_{it}代表截距项，ε_{it}表示随机扰动项，β_1，…，β_4 代表不同变量的回归系数。

6.5　面板数据的单位根检验与协整关系检验

与第 5 章相同，为了避免出现“伪回归”或虚假回归问题，本章也将对模型所涉及的数据进行单位根检验，并视单位根的结果看是否进行协整检验。

6.5.1　单位根检验

与第 5 章保持一致，本章也采用 LLC 检验、Im – Pesaran – Skin 检验、Fisher – ADF 检验和 Fisher – PP 检验四种方法对面板数据进行单位根检验。如果有两种及两种以上的检验结果拒绝存在单位根的原假设，则认为此序列是平稳的，反之认为该序列为非平稳序列。单位根检验的结果如表 6.3 所示。

表 6.3　样本数据的单位根检验统计量及显著性

变量/检验方法	LLC 检验	IPS 检验	ADF 检验	PP 检验	综合结论
Return	-5.64058*** [0.0000]	-1.37245* [0.0850]	116.844 [0.2218]	121.254 [0.1477]	不平稳
Ln*Return*	-11.8229*** [0.0000]	-2.49459*** [0.0063]	149.953*** [0.0022]	171.317*** [0.0000]	平稳
Landrate	-10.5491*** [0.0000]	-3.40471*** [0.0003]	158.995*** [0.0007]	128.401* [0.0685]	平稳
Ln*Landrate*	-11.8229*** [0.0000]	-1.53895* [0.0619]	119.942 [0.1084]	146.427*** [0.0026]	平稳
GDP	5.60649 [1.0000]	12.4069 [1.0000]	38.5029 [1.0000]	21.1960 [1.0000]	不平稳
Ln*GDP*	-19.1563*** [0.0000]	-8.40621*** [0.0000]	252.632*** [0.0000]	402.226*** [0.0000]	平稳

续表

变量/检验方法	LLC 检验	IPS 检验	ADF 检验	PP 检验	综合结论
Cityrate	-1.41301* [0.0788]	5.34950 [1.0000]	69.5741 [0.9976]	108.275 [0.4204]	不平稳
Ln*Cityrate*	-6.23951*** [0.0000]	2.00191 [0.9774]	103.840 [0.5412]	191.558*** [0.0000]	平稳
Fixedin	21.5793 [1.0000]	19.6693 [1.0000]	24.0843 [1.0000]	9.51663 [1.0000]	不平稳
Ln*Fixedin*	-15.2012*** [0.0000]	-3.95525*** [0.0000]	174.203*** [0.0000]	271.192*** [0.0000]	平稳

注：①表中 [ ] 内数据为 P 值，P 值上面是不同检验的结果，LLC 检验为 t 统计量，IPS 检验为 W 统计量，ADF 和 PP 检验为卡方统计量；②单位根检验值与 P 值精确到小数点后 4 位；③ ***、**、* 分别表示在 1%、5% 和 10% 显著性水平上拒绝存在单位根的原假设。

由表 6.3 可以看出，原始变量 *GDP*、*Fixedin*、*Cityrate* 采用四种方法进行检验，除变量 *Cityrate* 的 LLC 检验结果通过了 0.1 水平上的显著性检验以外，其他的检验结果均不拒绝原假设，因此判定这些变量是非平稳序列。对上述原始变量取对数后再进行单位根检验，对数变量 Ln*GDP* 和 Ln*Fixedin* 的四种检验结果，均在 0.01 水平上拒绝变量存在单位根的原假设，即面板数据为平稳序列。对数变量 Ln*Cityrate* 的 LLC 和 PP - Fisher 检验结果通过了 0.01 水平上的显著性检验，IPS 和 ADF - Fisher 检验的结果不拒绝变量存在单位根的原假设，因此判定该对数变量是平稳的。原始变量 *Return* 的 LLC 检验结果通过了 0.01 水平的显著性检验，IPS 检验结果通过了 0.1 水平上的显著性检验，但是 ADF - Fisher 和 PP - Fisher 的检验结果均不拒绝存在单位根的原假设，因此判定其为非平稳序列。对其取对数后再次进行检验，对数变量 Ln*Return* 的四种检验结果均在 0.01 显著性水平上拒绝原假设，可以判定其为平稳序列。原始变量 *Landrate* 的 LLC、IPS 和 ADF - Fisher 检验结果均在 0.01 显著性水平上拒绝原假设，PP - Fisher 检验结果在 0.1 水平上拒绝原假设，因此该变量是平稳的。对数变量 Ln*Landrate* 的 LLC 和 PP - Fisher 检验结果，通过了 0.01 水平上的显著性检验，IPS 检验结果通过了

0.1 水平上的显著性检验，但 ADF－Fisher 检验结果无法拒绝原假设，综合判定对数变量 Ln*Landrate* 是平稳序列。

综上所述，原始变量 *Return*、*Landrate*、*GDP*、*Fixedin*、*Cityrate* 中既包括平稳序列，也包括非平稳序列。但是对数变量 Ln*Return*、Ln*Landrate*、Ln*GDP*、Ln*Fixedin*、Ln*Cityrate* 都有至少两种检验结果通过了 0.1 水平上的显著性检验，因此，可以判定上述所有对数变量是平稳的，可以进行接下来的回归分析，不会存在伪回归问题。

6.5.2　协整关系检验

从本章单位根检验的结果来看，所有对数转换后的变量均为平稳序列，因此判断可以不进行协整检验，不会出现伪回归问题。

6.6　计量模型的估计与结果分析

6.6.1　面板模型的估计

6.6.1.1　模型类型检验

本章采取与上一章同样的步骤对模型的类型进行检验。首先对 F_2 统计量进行检验。如果 F_2 的值小于 0.05 显著性水平上的临界值，则接受备择假设，即选择混合模型。如果 F_2 拒绝备择假设，再对 F_1 统计量进行检验。如果 F_1 的值小于 0.05 显著性水平上的临界值，则接受原假设，即采用变截距模型；反之，则采用变系数模型。协方差检验结果如表 6.4 所示。

表 6.4　协方差检验结果

变量	F_1	P 值	F_2	P 值
Ln*Landrate*	0.9477326	0.540654	35.292631	0.0000

表6.4结果显示，被解释变量 F_2 统计量的检验结果在0.01显著性水平上拒绝备择假设。而 F_1 统计量的检验结果显示在0.05显著性水平上无法拒绝原假设，即采用变截距模型。

6.6.1.2　Hausman 检验

本章同样采用 Hausman 检验判断应该使用固定效应模型还是随机效应模型。

表6.5的结果与第5章一样，Hausman 检验结果也无效。因此，本章也将采用与上一章相同的办法，首先选择固定效应模型进行回归分析，其次采用随机效应模型对回归方程进行再次分析，最后将随机效应模型的回归结果与固定效应模型的结果进行比较。

表6.5　Hausman 检验结果

被解释变量	回归方程	
	Chi - Sq 统计量	P 值
Ln*Landrate*	5	1.0000
* 横截面测试方差无效。Hausman 统计量设置为零。		

6.6.2　固定效应模型的估计结果与分析

本章以土地配给系数为被解释变量，以工业投资回报率滞后一期为解释变量，也采取逐次添加控制变量的方法，对回归方程进行简单 OLS 回归分析。主要目的是在确保不含控制变量的基准模型的回归分析结果的基础上，兼顾控制变量对城市工业用地配给系数的影响分析，同时对模型的稳健性进行检验。

表6.6的第一列结果显示，当仅将工业投资回报率滞后一期作为解释变量时，该解释变量回归系数的估计值为0.092648，并且在0.01水平上通过了显著性检验，说明工业投资回报率滞后一期对工业用地土地配给系数具有显著影响。调整 R^2 值为0.531478，F 值在0.01水平上通过显著性检验，说明模型的拟合程度较好，解释变量对被解释变量的解释程度较强。与本书在第4.3.2节中提出的推论二是一致的。

表 6.6 工业投资回报率对城市工业用地配给水平影响的固定效应模型结果

变量	模型（1）	模型（2）	模型（3）	模型（4）
Ln*Return*（-1）	0.092648*** （3.071095）	0.103238*** （3.376925）	0.116562*** （3.792462）	0.115531*** （3.767235）
Ln*GDP*		-0.075401** （-1.938438）	-0.413248*** （-3.228736）	-0.350299*** （-2.696952）
Ln*Fixedin*			0.233473*** （2.768697）	0.252376*** （2.994835）
Ln*Cityrate*				-0.345418** （-2.514840）
常数项	-0.410353*** （-4.447500）	0.131712 （0.447416）	0.960736** （2.295932）	0.135740 （0.256613）
调整 R^2	0.531478	0.534216	0.540757	0.545399
样本量	583	583	583	583
F 值	12.36552***	12.27444***	12.36067***	12.34290***

注：①表中（）内数值为 t 值，t 值上面的为系数；②*、**、*** 分别表示在 10%、5% 和 1% 水平上显著。

在第二列增加了控制变量 *GDP* 指标，代表市场规模因素。本章在变量选择时，已经预期 *GDP* 与土地配给系数呈负相关关系。第二列的结果显示，控制变量的回归系数估计值为 -0.075401，并且通过了 0.05 水平上的显著性检验。控制变量回归系数估计值的符号为负，说明城市 GDP 的增加降低了工业用地的配给水平，这与本书研究的预期是一致的。与此同时，解释变量回归系数的估计值、符号和显著性水平没有发生大的变化，模型的稳健性较好。

在第三列增加了控制变量全社会固定资产投资指标，代表一个地区资金充沛情况。第三列结果显示，全社会固定资产投资指标的回归系数估计值为 0.233473，并且通过了 0.01 水平上的显著性检验。与第 5 章的检验结果比较，可以发现在控制变量和被解释变量相同的情况下，回归系数的符号却发生变化，这与预期不一致。本章认为这可能是由于解释变量不同造成的，全社会固定资产投资与工业投资回报率之间存在着一定的负相关关系。受边际收益递减规律的影响，随着投资规模的增加，投资回报率会出现下降。同时，解释变量回归系数的估计值、符号和显著性水平没有发生大的变化，模型的稳健性较好。

在第四列增加了控制变量城镇化水平，代表一个地区的经济发展水平。从第四列显示的结果来看，控制变量回归系数的估计值为 -0.345418，并且通过了 0.05 水平上的显著性检验。与第 5 章对应检验的结果比较，可以发现控制变量回归系数估计值的符号与上一章是相同的，这与本章的预期是一致的。与此同时，解释变量回归系数的估计值、符号和显著性水平并没有发生显著改变，模型的稳健性较好。

综合来看，工业投资回报率与土地配给系数之间存在较为显著的正相关关系，模型拟合度较好，解释能力较强。随着控制变量的增加，被解释变量与解释变量之间的这种正相关关系相对比较稳定，模型拟合程度得到一定的提高，模型整体的解释能力较强。

6.6.3 随机效应模型的估计结果与分析

根据 Hausman 检验结果，本章继续采用随机效应模型对土地配给系数与工业投资回报率的关系进行检验。将控制变量一次性纳入方程，对回归方程采用简单 OLS 回归分析。最后，将随机效应模型的估计结果与固定效应模型的估计结果进行比较，确保估计结果的稳健性。随机效应模型检验结果如表 6.7 所示。

表 6.7 工业投资回报率对土地配给系数的随机效应模型结果

变量	常数项	Ln*Return*（-1）	Ln*GDP*	Ln*Fixedin*	Ln*Cityrate*
Coefficient	0.023207	0.129551	-0.224771	0.158424	-0.192877
Std. Error	0.397973	0.029003	0.098217	0.070074	0.112507
t-Statistic	0.058312	4.466824	-2.288510	2.260804	-1.714356
Prob.	0.9535	0.0000	0.0225	0.0242	0.0871
样本量	583	583	583	583	583
调整 R^2	0.138555				
F 值	6.213129				
Prob.	0.000069				

将表 6.7 的结果与表 6.6 最后一列进行对比可以发现，随机效应模型下解释

变量回归系数的估计值与固定效应模型下解释变量回归系数的估计值差异不大，两者在符号上是一致的，都通过了 0. 01 水平上的显著性检验，这说明无论是固定效应模型还是随机效应模型，解释变量与被解释变量的正相关关系是显著的，可以支持本书在第 4. 3. 2 节提出的推论二。再考虑控制变量的情况，通过对比可以发现，控制变量 Ln*GDP*、Ln*Fixedin*、Ln*Cityrate* 的回归系数在随机效应模型下的估计值和固定效应模型下的估计值符号方向一致。控制变量 Ln*GDP*、Ln*Fixedin* 通过了 0. 05 水平上的显著性检验，控制变量 *LnCityrate* 通过了 0. 1 水平上的显著性检验，比固定效应模式下的显著性水平稍差，但仍然支持控制变量与被解释变量之间存在显著的相关关系。再观察回归模型的 F 值，虽然通过了 0. 01 水平上的显著性检验，但是 R^2 仅为 0. 138555，说明模型整体的拟合度较差，模型的解释力不足，还需要进一步的完善。

总体来看，随机效应模型支持固定效应模型工业投资回报率与土地配给系数存在正相关关系的结论，为第 4. 3. 2 节提出的推论二提供了实证数据支持。但是对控制变量与土地配给系数关系的认识则存在差异。从模型解释力来看，随机效应模型的解释力明显不足，这也从另一个角度说明了选择固定效应模型的合理性。

6. 7 内生性检验

从上一节回归分析的结果来看，固定效应模型和随机效应模型的结果基本一致，为了进一步提高回归分析结果的稳健性，本章将对回归模型进行内生性检验。与第 5 章一致，本章也选择解释变量的滞后一期为工具变量。主要原因：第一，根据本章的模型设定，需要排除解释变量是内生性变量的可能；第二，工业投资回报率指标是一个描述资本价格变化的变量，具有一定的连贯性。一般情况下，上一期工业投资回报率与当期的工业投资回报率存在一定的相关性，满足相关性假定。而滞后两期的工业投资回报率与当期的工业用地配给水平无关，满足与误差项无关的假设。表 6. 8 显示的是以工业投资回报率指标的滞后二期为代理变量，采用工具变量法进行回归的结果。

表 6.8　内生性检验分析结果

变量	常数项	Ln*Intensity*（-2）	Ln*GDP*	Ln*Fixedin*	Ln*Cityrate*
Coefficient	-0.07167	0.059957	-0.224848	0.081010	-0.263236
Std. Error	0.677891	0.032471	0.157943	0.098718	0.163793
t-Statistic	-0.105725	2.046488	-1.423603	0.820618	-1.670125
Prob.	0.9158	0.0455	0.1553	0.4123	0.0877
样本量	530	530	530	530	530
调整 R^2	0.501904				
F 值	10.14209				
Prob.	0.000000				

注：表中（-2）表示变量的滞后二期。

由表 6.8 的结果来看，代理变量回归系数估计值与基准模型估计值方向一致，通过了 0.05 显著性水平上的检验。虽然与基准模型相比，显著性水平有所降低，但仍然支持工业投资回报率滞后一期对工业用地配给水平具有显著影响的结论。虽然控制变量 Ln*GDP* 和 Ln*Fixedin* 没有通过显著性检验，但显然是因为控制变量与代理变量存在相关性所致，而且从 F 检验的显著性水平来看，通过了 0.01 水平上的显著性检验，说明代理变量与原解释变量是相关的。综上所述，可以认为原解释变量是外生性变量。

6.8　稳健性检验

从本章对回归方程的分析过程中可以看出，在固定效应模型分析过程中，本章采用逐次回归法，将控制变量逐次纳入回归方程，结果显示解释变量回归系数估计值的显著性和符号在不同的回归方程中始终保持不变。其后又采用随机效应模型对被解释变量与解释变量的关系进行分析，结果显示随机效应模型的结果与固定效应模型的结果基本一致，不存在较大的差异。虽然个别控制变量的回归系数结果与第5章的结果不一致，但本书认为这主要是由于模型解释变量差异所致，不影响本章结论的稳健性。总体来说，本书的结果是稳健和可信的，为第4.3.2节提出的推论二提供了实证数据的支持。

与第5章一致，本章也采用改变样本数据分组，对分组数据重新进行检验的方式，对解释变量与被解释变量关系的稳健性进行再次检验。分组的标准和操作步骤与第5章一样，结果如表6.9所示。

表6.9　工业投资回报率对城市工业用地配给水平影响的分组回归结果

西北组	常数项	Ln*Return*（-1）	Ln*GDP*	Ln*Fixedin*	Ln*Cityrate*
Coefficient	0.483975	0.115822	-0.343756	0.176298	-0.407833
Std. Error	0.810378	0.049568	0.221713	0.144385	0.184537
t-Statistic	0.597221	2.336623	-1.550454	1.221033	-2.210032
Prob.	0.551	0.0204	0.1225	0.2234	0.0281
样本量	336	336	336	336	336
调整 R^2	0.609709				
F值	14.35940				
Prob.	0.000000				
西南组	常数项	Ln*Return*（-1）	Ln*GDP*	Ln*Fixedin*	Ln*Cityrate*
Coefficient	-0.154096	0.085576	-0.369348	0.323788	-0.228688
Std. Error	0.729758	0.037458	0.147075	0.095709	0.22123
t-Statistic	-0.211160	2.284549	-2.511287	3.383041	-1.033713
Prob.	0.8329	0.0232	0.0127	0.0008	0.3023
样本量	300	300	300	300	300
调整 R^2	0.473944				
F值	6.581677				
Prob.	0.000000				

表6.9的结果显示：第一，无论是西北组还是西南组，解释变量回归系数估计值的符号与基准模型的符号一致，但分组后的显著性水平与基准模型相比有稍许降低，综合判断解释变量与被解释变量之间的相关性在分组数据中也是显著

的。第二，从解释变量回归系数估计值大小来看，分组后的回归系数要明显低于未分组时的回归系数，说明分组后，区域差异因素对土地配给系数的影响在上升。第三，西南组、西北组控制变量的显著性水平存在一定差距，西南组控制变量的显著性水平要明显高于西北组，说明在西北地区内部还存在区域内差异变量对土地配给系数构成影响。

总体来说，分组后的回归分析结果与总体样本的回归分析结果一致，证明本章的实证检验结果是稳健的。

6.9 本章小结

本章在第 4. 3. 2 节市场收益率对土地配给作用机理的分析基础上，以 2005 ~ 2016 年西部地区拥有国家级开发区的 53 个地级市的数据为样本，选择对数回归模型，将工业投资回报率作为解释变量，将 GDP、城镇化率、全社会固定资产投资三个变量作为控制变量，构造了一个多元回归模型，对本书在第 4. 3. 2 节提出的推论二进行检验。

通过对面板数据进行单位根检验、协方差分析检验和 Hausman 检验，本章确定采用固定效应变截距模型对面板数据进行分析，同时，采用随机效应模型对固定效应变截距模型的结果进行对比分析，并对回归分析的结果进行内生性和稳健性检验，确保模型回归结果的稳健性和可靠性。模型的回归分析结果得到如下结论：

（1）经过本章的实证检验，工业投资收益率与土地配给系数之间存在明显的正相关关系。这与本书在第 4. 3. 2 节提出的推论二是一致的。模型解释力较强，与第 5 章一起，为本书第 4 章提出的“土地配给”假说提供了有力的实证支持。

（2）通过将不同控制变量逐次纳入回归模型进行回归分析。结果显示，在不同的回归模型下工业投资收益率与土地配给系数之间的相关性是稳健的。而随机效应模型的结果与固定效应的结果基本一致，不存在重大差异，模型的结果是稳健和可信的。

（3）将解释变量的滞后二期作为代理变量纳入模型，进行内生性检验。通过结果可以认为解释变量是外生的，模型的结果可信。

（4）将样本数据分组进行稳健性检验，证明模型的回归结果是稳健的。分组后检验结果显示，区域差异因素对工业投资收益率的影响在上升。

（5）通过对控制变量与被解释变量关系的分析，结果显示与本书第 2 章提出的理论结论一致，也为边际收益递减规律作用下的要素替代现象提供了支持。

第 7 章　技术变迁对土地配给影响效应的实证研究

本书在第 4. 3. 3 节“技术变迁对土地配给的作用机理”分析中提出了推论三：随着投资强度增长率的提高，工业用地配给水平增长率也会随之提高。为了对上述推论进行检验，本章选择投资强度增长率指标来衡量技术变迁，采用面板数据和多变量回归方法，检验技术变迁与土地配给的关系，为推论三提供实证数据支持。从第 4. 3. 3 节的分析中可以看出，技术变迁与土地配给的关系实质上是投资强度增长率与土地配给增长率的关系，因此为了与第 5 章的分析结果相比较，本章采用与第 5 章相同的控制变量。

本章依然采用第 5 章的计量分析框架：第 7. 1 节对回归分析所选取的变量进行详细说明；第 7. 2 节对回归分析使用的样本进行说明；第 7. 3 节对面板数据的来源进行说明，并对使用的变量数据进行统计性描述；第 7. 4 节构建一个计量模型，即包括解释变量和其他控制变量在内的土地配给回归方程；第 7. 5 节对样本数据进行单位根检验和协整分析；第 7. 6 节对样本数据分别采用固定效应模型和随机效应模型进行回归分析，并对不同模型的回归结果进行分析和对比；第 7. 7 节对回归分析的结果进行内生性检验；第 7. 8 节对回归分析结果的稳健性检验进行说明；第 7. 9 节对本章进行了小结。本章使用 EViews 10. 0 软件，对数据进行实证回归分析。

7.1　变量的选取

7.1.1　被解释变量的选取

本章重点考察技术变迁对土地配给的影响。从第 4.3.3 节提出的推论三可知，技术变迁与土地配给之间实际上是增量与增量之间的关系，即投资强度增长率与土地配给增长率之间的关系。因为对数差分模型的经济含义代表的正是变量的增长率，所以本章选择对数差分模型，以土地配给系数增长率 DLn*Landrate* 为被解释变量，指标的构造方法如下：

$$\mathrm{DLn}Landrate_t = \mathrm{Ln}Landrate_t - \mathrm{Ln}Landrate_{t-1} \qquad (7.1)$$

其中，工业增加值和 GDP 数据来源于所选样本城市所在省份历年统计年鉴及统计公报。工业用地和建设用地数据来源于住房和城乡建设部发布的历年《中国城市建设统计年鉴》中公布的相关数据。

7.1.2　解释变量的选取

与被解释变量相同，为了考察投资强度增长率对土地配给增长率的影响，本章也选择对数差分模型以投资强度增长率 DLn*Intensity* 为解释变量，指标的构造方法如下：

$$\mathrm{DLn}Intensity_t = \mathrm{Ln}Intensity_t - \mathrm{Ln}Intensity_{t-1} \qquad (7.2)$$

其中，工业投资数据来源于所选样本城市所在省份历年统计年鉴及统计公报。工业用地数据来源于住房和城乡建设部发布的历年《中国城市建设统计年鉴》中公布的相关数据。

7.1.3　控制变量的选取

由于本章与第 5 章的被解释变量、解释变量相同，所以在选择控制变量时，为了便于与第 5 章的结论进行比较，本章将选择与第 5 章相同的控制变量，即以城市总人口、城镇化率、全社会固定资产投资和政府努力水平指标为控制变量。

第5章检验的是投资强度存量与土地配给存量之间的关系，而本章检验的是投资强度增长率与土地配给增长率之间的关系，两者在经济学含义上截然不同。由于本章选择的控制变量是存量，而被解释变量是增量，按照边际收益递减规律的要求，本章控制变量与被解释变量之间应该存在显著的相关关系，方向与第5章相同，但是程度要弱于第5章。当然，本书并不认为，控制变量一定会表现出跟理论预期一致的结果，但即便是与预期不一致，也可以为以后的相关研究指明方向，进一步深化对“土地配给”假说作用机理的认识。出于上述原因，本章将对控制变量选择对数形式而非对数差分。

综上所述，本章将选择城市总人口、全社会固定资产投资、城镇化率、政府努力水平为控制变量。预期控制变量与被解释变量的关系与第5章方向一致，但程度较弱。

7.2 样本的选取

本章主要关注的是投资强度增长率对土地配给增长率的影响。为了便于与第5章的结论进行比较，同时为第4.3.3节的推论三提供实证数据支持，本章选择与第5章同样的城市作为分析样本，即以西部地区拥有国家级开发区的53个地级城市作为样本。具体样本城市名单如表5.1所示。

7.3 数据来源与统计性描述

7.3.1 数据来源

本章的研究目的是对投资强度增长率与土地配给系数增长率之间的关系进行

实证检验。其中，工业增加值、GDP、工业投资、城镇人口数量、总人口数量、地方一般预算收入、全社会固定资产投资等指标的数据来自各样本城市所属省份历年的统计年鉴、各样本城市历年统计年鉴及统计公报，工业用地数量和建设用地数量指标数据来自历年《中国城市建设统计年鉴》。对于未公布全部工业增加值的个别城市和年份以规模以上工业企业工业增加值指标替代；对未公布城镇人口数量的个别城市和年份以非农业人口指标替代。

本章使用的数据包括西部地区12省份的53个城市，时间跨度为2005～2016年，总计12年。由于本章对计量回归分析中使用的所有被解释变量、解释变量和控制变量都取对数差分，所以样本总量为583个。

7.3.2 变量的统计描述

由于本章所使用的原始变量、构造变量与第5章相同，为了避免重复，本章不再对原始选取变量和构造变量的基本统计特征加以说明，具体情况可参见表5.2和表5.3。

7.4 模型的设定

本书在第4.3.3节中就技术变迁与工业用地配给水平之间的关系给出了数理模型的解释，并以此为基础提出了推论三。为了对推论三提供相应的实证基础支持，有必要通过构建计量模型加以检验。参照第5章的模型设定方法，考虑在回归方程中可能出现的异方差和残差非正态分布问题。同时，考虑到回归方程中各因素的相互关系经常是几何形式，为了使数据的呈现方式接近于线性方程形式，从本章的研究目的出发，为了更好地进行统计推断，对被解释变量和解释变量进行对数差分变换，对控制变量进行对数变换，构建如下计量回归模型：

$$\mathrm{DLn}Landrate_{it} = C_{it} + \beta_1 \mathrm{DLn}Intensity_{it} + \beta_2 \mathrm{Ln}Tpopul_{it} + \beta_3 \mathrm{Ln}Fixedin_{it} + \beta_4 \mathrm{Ln}Cityrate_{it} + \beta_5 \mathrm{Ln}Gcapital_{it} + \varepsilon_{it} \quad (7.3)$$

其中，$Landrate_{it}$代表i城市在t年份的土地配给系数，$Intensity_{it}$代表i城市在

t 年份的投资强度，$Tpopul_{it}$ 代表 i 城市在 t 年份的城市总人口，$Fixedin_{it}$ 代表 i 城市在 t 年份的全社会固定资产投资，$Cityrate_{it}$ 代表 i 城市在 t 年份的城镇化率，$Gcapital_{it}$ 代表 i 城市在 t 年份的政府努力程度，C_{it} 代表截距项，ε_{it} 表示随机扰动项，β_1，…，β_5 代表不同变量的回归系数。

7.5 面板数据的单位根检验与协整关系检验

与第 5 章相同，本章也将对模型所涉及的数据进行单位根检验，并视单位根的结果看是否进行协整检验。

7.5.1 单位根检验

由于本章的控制变量与第 5 章相同，为了避免重复，本章将只对被解释变量和解释变量进行单位根检验。同样，本章也采用 LLC 检验、Im – Pesaran – Skin 检验、Fisher – ADF 检验和 Fisher – PP 检验四种方法对面板数据进行单位根检验。如果有两种及两种以上的检验结果拒绝存在单位根的原假设，则认为此序列是平稳的；反之认为该序列为非平稳序列。单位根检验的结果如表 7.1 所示。

表 7.1 样本数据的单位根检验统计量及显著性

变量/检验方法	LLC 检验	IPS 检验	ADF 检验	PP 检验	综合结论
Intensity	-1.32325 * [0.0929]	2.97047 [0.9985]	92.1436 [0.8290]	76.4031 [0.9866]	不平稳
DLn*Intensity*	-14.4833 *** [0.0000]	-9.37968 *** [0.0000]	277.555 *** [0.0000]	366.017 *** [0.0000]	平稳
Landrate	-10.5491 *** [0.0000]	-3.40471 *** [0.0003]	158.995 *** [0.0007]	128.401 * [0.0685]	平稳
DLn*Landrate*	-28.2387 *** [0.0000]	-15.5009 *** [0.0000]	381.836 *** [0.0000]	452.636 *** [0.0000]	平稳

注：①表中 [ ] 内数据为 P 值，P 值上面是不同检验的结果，LLC 检验为 t 统计量，IPS 检验为 W 统计量，ADF 和 PP 检验为卡方统计量；②单位根检验值与 P 值精确到小数点后四位；③ ***、**、* 分别表示在 1%、5% 和 10% 显著性水平上拒绝存在单位根的原假设。

从表7.1中可以看出，原始变量*Intensity*采用四种方法进行检验，仅LLC检验结果通过了0.1水平上的显著性检验，其他的检验结果均不拒绝原假设，因此判定该变量是非平稳序列。原始变量*Landrate*采用四种方法进行检验，除PP-Fisher检验结果通过了0.1水平上的显著性检验外，其他检验结果都通过了0.01水平上的显著性检验，因此该变量是平稳序列。再对原始变量进行对数差分变换后进行检验，可以发现DLn*Intensity*、DLn*Landrate*变量采用四种方法进行检验，都通过了0.01水平上的显著性检验，说明这两个变量是平稳序列。

综上所述，可以判定本章所涉及的被解释变量、解释变量和控制变量都是平稳序列，可以进行接下来的回归分析，不会存在伪回归问题。

7.5.2　协整关系检验

从本章单位根检验的结果来看，所有对数转换后的变量均为平稳序列，因此判断可以不进行协整检验，不会出现伪回归问题。

7.6　计量模型的估计与结果分析

7.6.1　面板模型的估计

7.6.1.1　模型类型检验

本章采取与第5章同样的步骤对模型类型进行检验。协方差检验的结果如表7.2所示。

表7.2　协方差检验结果

变量	F_1	P值	F_2	P值
DLn*Landrate*	1.240216	0.211954	18.293451	0.0000

表7.2结果显示，被解释变量F_2统计量的检验结果在0.01显著性水平上拒

绝备择假设。而 F_1 统计量的检验结果显示在 0.05 显著性水平上无法拒绝原假设，即采用变截距模型。

7.6.1.2　Hausman 检验

本章同样采用 Hausman 检验判断应该使用固定效应模型还是随机效应模型。

表 7.3 结果显示与第 5 章一样，Hausman 检验结果也无效。因此，本章也将采用与第 5 章相同的办法，首先，选择固定效应模型进行回归分析；其次，采用随机效应模型对回归方程进行再次分析；最后，将随机效应模型的回归结果与固定效应模型的结果进行比较。

表 7.3　Hausman 检验结果

被解释变量	回归方程	
	Chi－Sq 统计量	P 值
DLn*Landrate*	5	1.0000

＊横截面测试方差无效。Hausman 统计量设置为零。

7.6.2　固定效应模型的估计结果与分析

本章以土地配给系数增长率为被解释变量，以投资强度增长率为解释变量，也采取逐次添加控制变量的方法，对回归方程进行简单 OLS 回归分析。主要目的是在确保不含控制变量的基准模型的回归分析结果的基础上，兼顾分析控制变量对土地配给系数增长率的影响，同时对模型的稳健性进行检验。

表 7.4 第一列结果显示，当只考虑解释变量投资强度增长率时，该解释变量回归系数的估计值为 0.179460，并且在 0.01 显著性水平上通过检验，说明投资强度增长率与土地配给系数增长率具有显著的正相关关系，F 值在 0.01 显著性水平上通过显著性检验，表示解释变量对被解释变量的解释程度较强，这与本书在第 4.3.3 节中提出的推论三是一致的。但是调整 R^2 值为 0.281750，说明模型的拟合程度一般，还存在对被解释变量具有显著影响的变量没有被包括在模型中。

表 7.4 投资强度增长率对土地配给系数增长率影响的固定效应模型结果

变量	模型（1）	模型（2）	模型（3）	模型（4）	模型（5）
DLn*Intensity*	0. 179460 *** （6. 796721）	0. 171986 *** （6. 725741）	0. 170558 *** （6. 643687）	0. 171140 *** （6. 701132）	0. 171131 *** （6. 693392）
Ln*Fixedin*		-0. 045776 * （-1. 873562）	-0. 080621 ** （-2. 138724）	-0. 093991 ** （-2. 143768）	-0. 090069 ** （-2. 18072）
Ln*Gcapital*			0. 189948 *** （2. 835761）	0. 194495 ** （2. 187542）	0. 190171 ** （1. 973006）
Ln*Cityrate*				0. 075369 （0. 483746）	0. 064956 （0. 462981）
Ln*Tpopul*					-0. 082267 （-0. 267565）
常数项	-0. 055727 ***	0. 239323	0. 010726	0. 145088	0. 588571
调整后 R^2	0. 281750	0. 286154	0. 291778	0. 290354	0. 288606
样本量	583	583	583	583	583
F 统计量	1. 924517 ***	1. 960552 ***	2. 010529 ***	1. 973424 ***	1. 935745 ***

注：①表中（）内数值为 t 值，t 值上面的为系数；②*、**、*** 分别表示在 10%、5% 和 1% 水平上显著。

在第二列增加控制变量全社会固定资产投资指标，代表一个地区资金充沛情况。第二列结果显示，全社会固定资产投资指标的回归系数估计值为 -0. 045776，并且通过了 0. 1 水平上的显著性检验。与第 5 章的结果进行对比，可以发现在全社会固定资产投资指标与土地配给系数和土地配给系数增长均呈负相关关系，但是无论从显著性水平还是回归系数绝对值来看，对于土地配给系数增长率的影响都要弱于对土地配给系数的影响，这与要素边际收益递减规律是相吻合的。同时，解释变量回归系数的估计值、符号和显著性水平没有发生大的变化，模型的稳健性较好。

在第三列增加控制变量政府努力水平指标，代表一个地区的制度差异变量。第三列的结果显示，政府努力水平指标的回归系数估计值为 0. 189948，并且通过了 0. 01 水平上的显著性检验，说明政府努力水平与土地配给增长率之间存在显著的正相关关系。与第 5 章的结果进行比较，可以发现政府努力水平对土地配给增长率的影响要弱于对土地配给的影响，这也与要素边际收益递减规律相吻合。与此同时，解释变量回归系数的估计值、符号和显著性水平没有发生大的变化，模型的稳健性较好。

在第四列增加了控制变量城镇化水平，代表一个地区的经济发展水平。第四列的结果显示，城镇化率指标的回归系数估计值为0.075369，但未能通过0.1水平上的显著性检验，说明城镇化率与土地配给增长率之间不存在明显的相关性。与第5章中，城镇化率与土地配给存在显著负相关关系的结论是相反的。这说明城镇化率与土地配给之间的关系，要比本书原先分析的结论更为复杂，需要进一步的深入研究。与此同时，解释变量回归系数的估计值、符号和显著性水平并没有发生显著改变，模型的稳健性较好。

在第五列增加了控制变量城市总人口指标，代表人口的资源禀赋水平。第五列的结果显示，城市总人口指标的回归系数估计值为-0.082267，但同样未通过0.1显著性水平上的检验，说明城市总人口与土地配给增长率之间不存在明显的相关性。这与第5章中，城市总人口与土地配给之间存在显著负相关关系的结论是相反的。这说明人口与土地之间相互替代关系受到了更多外部变量的影响，需要进行更为仔细的研究。与此同时，解释变量回归系数的估计值、符号和显著性水平没有发生大的变化，模型的稳健性较好。

综合来看，投资强度增长率与土地配给系数增长率之间存在较为显著的正相关关系。随着控制变量的增加，被解释变量与解释变量之间的这种正相关关系相对比较稳定，结果稳健可信。但是，模型的拟合程度相对较低，说明还存在重要的影响变量没有被包括，模型整体的解释能力不足。

7.6.3 随机效应模型的估计结果与分析

根据Hausman检验的结果，本章继续采用随机效应模型对土地配给系数增长率与投资强度增长率的关系进行检验。由于在固定效应模型结果分析过程中，已经对控制变量的作用进行了讨论，这里将不再进行逐次添加控制变量，而是一次性将控制变量纳入方程，对回归方程采用简单OLS回归分析。最后，将随机效应模型的估计结果与固定效应模型的估计结果进行比较，确保估计结果的稳健性。表7.5显示的是投资强度增长率对土地配给系数增长率的随机效应模型检验结果。

表 7.5　投资强度增长率对土地配给系数增长率的随机效应模型结果

变量	常数项	DLn*Intensity*	Ln*Fixedin*	Ln*Gcapital*	Ln*Cityrate*	Ln*Tpopul*
Coefficient	0.001947	0.183343	-0.02111	-0.006956	-0.021902	0.013475
Std. Error	0.154799	0.025191	0.027100	0.036186	0.070950	0.033721
t - Statistic	0.012576	7.278248	-0.778990	-0.192236	-0.308693	0.399613
Prob.	0.9900	0.0000	0.4363	0.8476	0.7577	0.6896
样本量	583	583	583	583	583	583
调整 R^2	0.139404					
F 值	11.78818					
Prob.	0.000000					

将表 7.5 的结果与表 7.4 最后一列进行对比可以发现，随机效应模型下解释变量回归系数的估计值与固定效应模型下解释变量回归系数的估计值差异不大，两者在符号上是一致的，都通过了 0.01 水平上的显著性检验，这说明无论是固定效应模型还是随机效应模型，解释变量与被解释变量的正相关关系都是显著的，可以支持本书在第 4.3.3 节提出的推论三。再考虑控制变量的情况，可以看出，在随机效应模型下，所有的控制变量都没有通过 0.1 水平上的显著性检验。这与固定效应模型下的结果存在反差。再观察回归模型的 F 值，虽然通过了 0.01 水平上的显著性检验，但是 R^2 仅为 0.139404，说明模型整体的拟合度较差，模型的解释力不足，还需要进一步的完善。

总体来看，随机效应模型的结果支持固定效应模型所得出的投资强度增长率与土地配给系数增长率存在正相关关系的结论，为第 4.3.3 节提出的推论三提供了实证数据支持。但是对控制变量与土地配给系数增长率关系的认识则存在一定的差异。从模型的解释力来看，随机效应模型的解释力明显不足，这也从另一个角度说明了选择固定效应模型的合理性。

7.7 内生性检验

从上一节回归分析的结果来看，固定效应模型和随机效应模型的结果基本一致，为了进一步提高回归分析结果的稳健性，本章将对回归模型进行内生性检验。

与第5章一致，本章选择解释变量的滞后一期作为工具变量。主要的目的：第一，根据本章的模型设定，需要排除解释变量是内生性变量的可能；第二，投资强度增长率指标是一个描述投资活动变化的变量，具有一定的连贯性。一般情况下，上一期的投资强度与当期的投资强度存在一定的相关性，满足相关性假定。而滞后一期的投资强度与当期的土地配给增长率无关，满足与误差项无关的假设。表7.6显示的是以投资强度增长率指标的滞后一期为代理变量，采用工具变量法进行回归的结果。

表7.6 内生性检验分析结果

变量	常数项	DLn*Intensity*（-1）	Ln*Fixedin*	Ln*Gcapital*	Ln*Cityrate*	Ln*Tpopul*
Coefficient	2.296138	0.059055	-0.071084	0.225862	-0.090599	-0.434644
Std. Error	2.095442	0.026443	0.049590	0.108946	0.161771	0.383496
t-Statistic	1.095777	2.233327	-1.433429	2.073166	-0.560043	-1.133372
Prob.	0.2738	0.0260	0.1525	0.0387	0.5757	0.2577
样本量	530	530	530	530	530	530
调整 R^2	0.163414					
F值	1.470033					
Prob.	0.080970					

注：表中（-1）表示变量的滞后一期。

从表7.6的结果来看，代理变量的回归系数估计值与基准模型估计值的方向一致，通过了0.05水平上的显著性检验。虽然与基准模型相比显著性水平有所降低，但仍然支持投资强度增长率与土地配给增长率存在显著正相关关系的结论。控制变量 Ln*Fixedin* 没有通过显著性检验，与基准模型的结论不一致，但显然是因为控制变量与代理变量存在较强相关性所致。而控制变量 Ln*Gcapital* 则通过了 0.05 水平上的显著性检验，与基准模型的结果一致。控制变量 Ln*Cityrate* 和 Ln*Tpopul* 依然没能通过显著性检验，与基准模型的结果是一致的。从 F 检验的显著性水平来看，通过了 0.1 水平上的显著性检验，说明代理变量与原解释变量是相关的。综上所述，可以认为原解释变量是外生性变量。

7.8 稳健性检验

从本章对回归方程的分析过程中可以看出，在固定效应模型分析过程中，本章采用逐次回归法，将控制变量逐次纳入回归方程，结果显示解释变量回归系数估计值的显著性和符号，在不同的回归方程中始终保持不变。其后又采用随机效应模型对被解释变量与解释变量的关系进行分析，结果显示随机效应模型的结果与固定效应模型的结果基本一致，不存在较大的差异。虽然控制变量回归系数结果在不同模型下存在一定的差异，但本书认为这不影响本章有关被解释变量与解释变量关系结论的稳健性。总体来说，本章的结果是稳健和可信的，为第 4.3.3 节提出的推论三提供了实证数据的支持。

与第 5 章一致，本章也采用改变样本数据分组，对分组数据重新进行检验的方式，对解释变量与被解释变量关系的稳健性进行再次检验。分组的标准和操作步骤与第 5 章一样，结果如表 7.7 所示。

表 7.7 投资强度增长率对土地配给增长率的分组回归结果

西北组	常数项	DLn*Intensity*	Ln*Fixedin*	Ln*Gcapital*	Ln*Cityrate*	Ln*Tpopul*
Coefficient	-1.369192	0.237048	-0.154394	0.195846	0.192518	0.358609
Std. Error	2.382376	0.049547	0.063262	0.150128	0.177258	0.477296
t - Statistic	-0.574717	4.784282	-2.440568	1.304521	1.086088	0.751335

续表

西北组	常数项	DLn*Intensity*	Ln*Fixedin*	Ln*Gcapital*	Ln*Cityrate*	Ln*Tpopul*
Prob.	0. 4660	0. 0000	0. 0154	0. 1533	0. 2186	0. 3532
样本量	280	280	280	280	280	280
调整 R^2	0. 323283					
F 值	2. 242135					
Prob.	0. 000445					
西南组	常数项	DLn*Intensity*	Ln*Fixedin*	Ln*Gcapital*	Ln*Cityrate*	Ln*Tpopul*
Coefficient	1. 194237	0. 141589	-0. 019889	0. 189246	-0. 177789	-0. 277051
Std. Error	2. 706887	0. 028604	0. 063735	0. 126309	0. 25013	0. 446679
t-Statistic	0. 441185	4. 950036	-1. 312057	1. 49828	-0. 710786	-0. 620247
Prob.	0. 5595	0. 0000	0. 1553	0. 1354	0. 3779	0. 3357
样本量	250	250	250	250	250	250
调整 R^2	0. 137466					
F 值	1. 534210					
Prob.	0. 072195					

表 7. 7 的结果显示：第一，无论是西北组还是西南组，解释变量回归系数估计值的符号和显著性水平与基准模型的符号一致，综合判断解释变量与被解释变量之间的相关性在分组数据中也是显著的。第二，从解释变量回归系数估计值大小来看，分组后西北组的回归系数要大于未分组时的回归系数，而西南组的系数则小于未分组的回归系数。说明分组后，区域差异因素对土地配给系数增长率的影响在上升。第三，分组后控制变量回归系数的符号和显著性水平与基准模型的结论基本一致。西北组控制变量的显著性水平要明显高于西南组。

总体来说，分组后的回归分析结果与总体样本的回归分析结果是一致的，证明本章的实证检验结果是稳健的。

7.9 本章小结

本章在第 4. 3. 3 节技术变迁对土地配给作用机理的分析基础上，以 2005 ~

2016年西部地区拥有国家级开发区的53个地级市的数据为样本，选择对数差分模型，将投资强度增长率作为解释变量，将城市总人口、城镇化率、全社会固定资产投资、政府努力水平四个变量作为控制变量，构造了一个多元回归模型，对第4.3.3节提出的推论三进行检验。

通过对面板数据进行单位根检验、协方差分析检验和Hausman检验，本章确定采用固定效应变截距模型对面板数据进行分析，同时，采用随机效应模型对固定效应变截距模型的结果进行对比分析，并对回归分析的结果进行内生性和稳健性检验，确保模型回归结果的稳健性和可靠性。模型的回归分析结果得到如下结论：

（1）经过本章的实证检验，投资强度增长率与土地配给系数增长率之间存在明显的正相关关系。这与本书在第4.3.3节提出的推论三是一致的，但模型的解释力较弱，说明还存在其他重要的变量没有被纳入模型。总体来说，本章与第5章、第6章一起，为本书在第4章提出的“土地配给”假说提供了有力的实证支持。

（2）通过将不同控制变量逐次纳入回归模型进行回归分析。结果显示，在不同的回归模型下投资强度增长率与土地配给系数增长率之间的相关性是稳健的。而随机效应模型的结果与固定效应的结果一致，不存在重大差异，模型的结果是稳健和可信的。

（3）将解释变量的滞后一期作为代理变量纳入模型，进行内生性检验。通过结果可以认为解释变量是外生的，模型的结果可信。

（4）将样本数据分组进行稳健性检验，证明模型的回归结果是稳健的。分组后检验结果显示，区域差异因素对土地配给增长率的影响在上升。

（5）通过对控制变量与被解释变量关系的检验，部分支持了要素边际收益递减规律下的要素替代现象，但结果显示还有其他因素对要素替代发挥作用。稳健性检验的结果进一步强化了这种作用。

第 8 章　土地配给对城市工业用地集约利用效率影响效应的实证研究

本书在第 4.4 节土地配给对城市工业用地集约利用效率影响机制分析的基础上，提出了推论四：工业用地配给水平的增加可以提高土地的集约利用效率。本章采用面板数据和多变量回归方法，检验土地配给对城市工业用地集约利用效率的影响程度，为“土地配给”假说提供实证数据的支持。实证回归中，其他控制变量的选择，则根据土地集约利用效率的影响因素、样本数据的可得性和本章的研究目的加以确定，将其他因素可能对城市工业用地集约利用效率产生的潜在影响也考虑进去。

本章采取与前几章相同的计量分析框架：第 8.1 节对变量的选取进行说明；第 8.2 节对选择的样本进行描述；第 8.3 节对面板数据的来源进行说明，并对相关数据进行基本的统计性描述；第 8.4 节构建一个计量模型，即包括土地配给解释变量和其他控制变量在内的城市工业用地集约利用效率方程；第 8.5 节对样本数据进行单位根检验和协整分析，确认其适合进行多元回归分析；第 8.6 节分别使用固定效应模型和随机效应模型对样本数据进行检验，并对回归结果进行分析；第 8.7 节对回归分析的结果进行内生性检验；第 8.8 节对回归分析结果进行稳健性检验；第 8.9 节是本章小结。本章使用 EViews 10.0 软件，对相关样本数据进行回归分析。

8.1　变量的选取

8.1.1　被解释变量的选取

被解释变量为工业用地产出效率，用 *Ratio* 表示。目前关于城市工业用地利用效率的衡量，在相关研究中普遍使用的是工业用地产出强度指标（工业企业总产值/工业企业用地面积）（姚尧，2018；嵇欣，2012）。国土资源部在 2017 年国家级开发区土地集约利用评价中使用了工业用地地均收入（工业企业销售收入/工业企业用地面积）、工业用地地均税收（工业企业缴纳税金/工业企业用地面积）指标来衡量工业用地的集约利用效益。但是无论是工业用地产出强度指标还是工业用地地均收入指标，更多反映的是总量指标之间的关系，受到历史因素的影响比较大。本书在第 4.3 节的理论分析过程中已经指出，土地配给对工业用地集约利用效率的影响更多体现在对增量的影响上，因此本章构造了工业用地产出效率指标来衡量工业用地的集约利用效率。

工业用地产出效率 = 当年工业增加值/当年工业用地数量　　　　(8.1)

其中，工业增加值数据来源于所选样本城市所在省份历年统计年鉴及统计公报。工业用地数据来自住房和城乡建设部发布的历年《中国城市建设统计年鉴》中公布的样本城市工业用地数量。

8.1.2　解释变量的选取

本章的重点在于考察土地配给对城市工业用地集约利用效率的影响。因此，本章以土地配给系数 *Landrate* 为解释变量，指标的构造方法与前几章相同。其中，工业增加值和 GDP 数据来源于所选样本城市所在省份历年统计年鉴及统计公报。工业用地和建设用地数据来自住房和城乡建设部发布的历年《中国城市建设统计年鉴》中公布的相关数据。

8.1.3 控制变量的选取

土地集约利用效率是投入产出的结果，因此在控制变量的选择上必须从生产函数出发，同时兼顾本书第3章对土地集约利用效率影响因素的分析。因此，本章选择如下指标作为控制变量。

8.1.3.1 人口指标

本章采用城镇人口数量指标。这主要是因为：第一，从生产函数角度来看，人口是生产函数中不可或缺的变量，对土地的集约利用效率具有重要影响。第二，本章分析的对象是城市工业用地的集约利用效率，因此与总人口指标相比，城镇人口数量指标更符合生产函数的要求，能更好地体现人口对土地集约利用效率的影响。

8.1.3.2 经济发展水平指标

本章采用城镇居民人均可支配收入指标。这主要是因为：第一，随着经济发展程度的不同，不同地区在政府开支、转移支付等方面存在一定的差异，导致人均可支配收入占GDP的比例发生变化，因此与人均GDP指标相比，城镇居民人均可支配收入指标更能体现经济发展的结果。第二，我国目前还存在较为普遍的城乡二元结构现象，选择城镇居民人均可支配收入指标与被解释变量内涵更为一致。第三，与土地配给指标不同，土地集约利用效率是一个经济概念。因此城镇居民人均可支配收入指标比城镇化率指标能更好地体现经济效率的作用。综合上述原因，选择城镇居民人均可支配收入指标作为衡量经济发展水平的指标。

8.1.3.3 土地资源禀赋

本章采用城镇建设用地总量指标。这主要是因为：第一，与人口总量指标一样，土地也是生产函数中不可缺少的要素，对土地的集约利用效率具有直接影响。第二，本章分析的对象是城市工业用地集约利用效率。因此城镇建设用地指标更能体现一个地区的土地资源禀赋情况。

8.1.3.4 政府努力程度指标

本章采用地方财政一般预算收入指标进行衡量。这主要是因为：与基金预算收入（主要是买地收入）相比，在分税制下地方政府的一般预算收入与地方政府的努力程度密切相关，而地方政府的努力程度恰恰是衡量制度设计是否有效的关键因素。林毅夫和刘志强（2000）、张晏和龚六堂（2005）、傅勇和张晏（2007）等先后采用地方政府一般预算收入指标来衡量不同地区之间的制度绩效差异。因此，选择地方政府一般预算收入指标能够较好地反映不同地区的制度差异对政府努力程度的影响。

8.2 样本的选取

本章主要关注的是土地配给对城市工业用地集约利用效率的影响。为了便于与前几章的结论进行比较，同时为第4.4节的推论四提供实证数据支持，本章仍然选择与第5章同样的城市作为分析样本，即以西部地区拥有国家级开发区的53个地级城市作为样本。具体样本城市名单如表5.1所示。

8.3 数据来源与统计性描述

8.3.1 数据来源

本章的研究目的是对土地配给与城市工业用地集约利用效率之间的关系进行实证检验。其中，GDP、工业增加值、城镇居民人均可支配收入、地方财政一般预算收入城市人口等指标的数据来自各样本城市所属省份历年的统计年鉴、各样本城市历年的统计年鉴及统计公报，工业用地数量和建设用地数量指标的数据来自历年《中国城市建设统计年鉴》。对于未公布全部工业增加值的个别城市和年份以规模以上工业企业工业增加值指标替代；对于未公布城镇人口数量的个别城市和年份以非农业人口指标替代。

本章使用的数据包括西部地区12省份的53个城市，时间跨度为2005~2016年，总计12年，样本总量为636个。本章在计量回归分析中使用的所有被解释变量、解释变量和控制变量都取自然对数值。

8.3.2 变量的统计描述

为了更直观地观察选取变量的变化情况，本章在此对后面进行的实证检验所需使用的原始选取变量在 2005 ~ 2016 年样本期间的基本统计特征加以说明，具体情况如表 8.1 所示。

表 8.1 原始选取变量描述性统计特征

变量名	样本量	平均值	中位数	最大值	最小值	标准差
GDP	636	1274.244	780.125	17740.59	17.36	1820.533
工业增加值 (*Indusadd*)	636	507.1703	310.37	6040.53	5.75	707.5931
工业用地 (*Indusland*)	636	19.74193	10.61	246.83	0.01	29.68391
建设用地 (*Consland*)	636	110.4486	59.90	1179.57	0.22	148.3386
城镇居民人均可支配收入 (*Perincome*)	636	18357.97	17234	40955	6033.29	7712.624
地方财政一般预算收入 (*Revenue*)	636	112.5844	49.305	2227.90	0.9825	222.9225
城镇人口 (*City*)	636	185.209	132.7758	1908.45	5.81	238.493

在第 8.1 节中构造了两个变量，分别代表被解释变量和解释变量，因此在这里也将对构造变量的基本统计特征加以说明，具体情况如表 8.2 所示。

表 8.2 构造变量描述性统计特征

变量名	样本量	平均值	中位数	最大值	最小值	标准差
工业用地产出效率 (*Ratio*)	636	169.4451	24.82978	63420	0.515595	2519.61
土地配给系数 (*Landrate*)	636	0.488072	0.546118	0.995828	-2.82665	0.402896

8.4 模型的设定

在研究制度因素与生产效率的关系时，相关研究大多数通过改进柯布－道格拉斯生产函数，将制度变量引入公式，从而验证制度与要素生产效率之间的关系。本书在第 4.4 节中就土地配给与工业用地集约利用效率之间的关系给出了数理模型的解释，并以此为基础提出了推论四。为了对推论四提供相应的实证支持，有必要通过构建计量模型加以检验。参照传统生产函数内涵和现有研究的做法，避免在回归方程中出现异方差和残差非正态分布问题。同时，考虑到回归方程中各因素的相互关系经常是几何形式，为了使数据的呈现方式接近于线性方程形式，从而更好地进行统计推断，对所有自变量和因变量进行对数变换，构建如下计量回归模型：

$$\mathrm{Ln}Ratio_{it} = C_{it} + \beta_1 \mathrm{Ln}Landrate_{it} + \beta_2 \mathrm{Ln}Perincome_{it} + \beta_3 \mathrm{Ln}Revenue_{it} + \beta_4 \mathrm{Ln}Consland_{it} + \beta_5 \mathrm{Ln}City_{it} + \varepsilon_{it} \tag{8.2}$$

其中，$Ratio_{it}$代表 i 城市在 t 年份的工业用地产出效率，$Landrate_{it}$代表 i 城市在 t 年份的土地配给系数，$Perincome_{it}$代表 i 城市在 t 年份的城镇居民人均可支配收入，$Revenue_{it}$代表 i 城市在 t 年份的地方政府一般预算收入，$Consland_{it}$代表 i 城市在 t 年份的城市建设用地面积，$City_{it}$代表 i 城市在 t 年份的城镇人口，C_{it}代表截距项，ε_{it}表示随机扰动项，β_1，…，β_5 代表不同变量的回归系数。

8.5 面板数据的单位根检验与协整关系检验

与前几章相同，本章也将对模型所涉及的数据进行单位根检验，并视单位根的结果看是否进行协整检验。

8.5.1 单位根检验

本章也使用 EViews 10.0 软件，采用 LLC、IPS、Fisher – ADF、Fisher – PP 四种检验方法对面板变量数据进行单位根检验。如果上述四种方法中，有两种及两种以上的检验结果拒绝存在单位根的原假设，则可以认为此序列是平稳的，反之认为该序列为非平稳序列。单位根检验的结果如表 8.3 所示。

表 8.3 样本数据的单位根检验统计量及显著性

变量/检验方法	LLC 检验	IPS 检验	ADF 检验	PP 检验	综合结论
Ratio	1.02255 [0.8467]	2.87025 [0.9979]	106.526 [0.4674]	109.783 [0.3811]	不平稳
Ln*Ratio*	−9.41223*** [0.0000]	249.480*** [0.0000]	−2.97663*** [0.0015]	150.416*** [0.0030]	平稳
Landrate	−10.5491*** [0.0000]	−3.40471*** [0.0003]	158.995*** [0.0007]	128.401* [0.0685]	平稳
Ln*Landrate*	−11.8229*** [0.0000]	−1.53895* [0.0619]	119.942 [0.1084]	146.427*** [0.0026]	平稳
Perincome	13.3961 [1.0000]	19.9614 [1.0000]	9.59016 [1.0000]	5.93208 [1.0000]	不平稳
Ln*Perincome*	−13.4101*** [0.0000]	−2.38431*** [0.0086]	165.672*** [0.0002]	370.577*** [0.0000]	平稳
Revenue	1.23118 [0.8909]	7.11524 [1.0000]	71.7699 [0.9956]	12.7063 [1.0000]	不平稳
Ln*Revenue*	−14.7507*** [0.0000]	−4.26824*** [0.0000]	167.420*** [0.0001]	220.427*** [0.0000]	平稳
Consland	−5.70823*** [0.0000]	−0.74543 [0.2280]	135.302** [0.0289]	171.869*** [0.0001]	平稳
Ln*Consland*	−2.74295*** [0.0030]	1.00638 [0.8429]	115.689 [0.2446]	137.953** [0.0201]	平稳
City	−0.17465 [0.4307]	7.17806 [1.0000]	47.8195 [1.0000]	72.0262 [0.9953]	不平稳

续表

变量/检验方法	LLC 检验	IPS 检验	ADF 检验	PP 检验	综合结论
LnCity	-4.56887*** [0.0000]	4.15782 [1.0000]	72.6133 [0.9945]	126.104* [0.0890]	平稳

注：①表中［］内数据为P值，P值上面是不同检验的结果，LLC检验为t统计量，IPS检验为W统计量，ADF和PP检验为卡方统计量；②单位根检验值与P值精确到小数点后4位；③***、**、*分别表示在1%、5%和10%显著性水平上拒绝存在单位根的原假设。

从表8.3中可以看出，对原始变量*Ratio*、*Perincome*、*Revenue*、*City*采用四种方法进行检验，均不能拒绝原假设，即这些变量是非平稳序列。对原始变量取对数后再进行单位根检验。结果显示，对数变量Ln*Ratio*、Ln*Perincome*、Ln*Revenue*使用四种方法检验，均在0.01水平上拒绝原假设，即面板数据为平稳序列。对数变量Ln*City*的LLC检验结果通过了0.01水平上的显著性检验，PP-Fisher检验结果通过了0.1水平上的显著性检验，但是IPS检验和ADF-Fisher检验的结果显示无法拒绝原假设，综合上述检验结果，认为该对数变量是平稳的。原始变量*Landrate*采用四种方法进行检验，LLC检验、IPS检验和ADF-Fisher检验的结果通过了0.01水平上的显著性检验，PP-Fisher的检验结果通过了0.1水平上的显著性检验，拒绝原假设，即该变量是平稳序列。对数变量Ln*Landrate*的LLC和PP-Fisher检验结果通过了0.01水平上的显著性检验，IPS检验结果通过了0.1水平上的显著性检验，但ADF-Fisher检验结果无法拒绝原假设，判定对数变量Ln*Landrate*是平稳序列。原始变量*Consland*的LLC检验和PP-Fisher检验结果通过了0.01水平上的显著性检验，ADF-Fisher检验结果通过了0.05水平上的显著性检验，但IPS检验无法拒绝原假设，综合评价认为该原始变量是平稳的。对数变量Ln*Consland*的LLC结果通过了0.01水平上的显著性检验，PP-Fisher的结果通过了0.05水平上的显著性检验，但IPS检验和ADF-Fisher检验的结果无法拒绝原假设，综合判断该对数变量是平稳的。

综上所述，虽然原始变量*Ratio*、*Landrate*、*Perincome*、*Revenue*、*Consland*、*City*中存在非平稳序列。但是对于对数变量Ln*Ratio*、Ln*Landrate*、Ln*Perincome*、Ln*Revenue*、Ln*Consland*、Ln*City*每一个变量面板数据都至少有两种检验结果通过

了0.1水平上的显著性检验，因此，可以判定上述所有对数变量是平稳的，可以进行接下来的回归分析，不会存在伪回归问题。

8.5.2 协整关系检验

从本章单位根检验的结果来看，所有对数转换后的变量均为平稳序列，因此判断可以不进行协整检验，不会出现伪回归问题。

8.6 计量模型的估计与结果分析

8.6.1 面板模型的估计

8.6.1.1 模型类型检验

本章采取与前几章相同的步骤，对面板模型类型进行协方差检验。协方差检验的结果如表 8.4 所示。

表 8.4 协方差检验结果

变量	F_1	P 值	F_2	P 值
Ln*Ratio*	1.172683	0.181213	25.551769	0.0000

表 8.4 的结果显示，被解释变量 F_2 统计量的检验结果在 0.01 显著水平上拒绝原假设，即意味着拒绝备择假设。而 F_1 统计量的检验结果显示在 0.05 显著水平上无法拒绝原假设，即采用变截距模型与面板数据更为匹配。

8.6.1.2 Hausman 检验

本章也同样通过 Hausman 检验来确定模型的具体形式。

表 8.5 结果显示与前几章相同，Hausman 检验结果也无效。因此，本章也将采用与上一章相同的办法，首先选择固定效应模型进行回归分析，其次采用随机效应模型对回归方程进行再次分析，最后将随机效应模型的回归结果与固定效应

模型的结果进行比较。

表 8.5　Hausman 检验结果

被解释变量	回归方程	
	Chi – Sq 统计量	P 值
Ln*Ratio*	5	1.0000
* 横截面测试方差无效。Hausman 统计量设置为零。		

综上所述，本章将选择固定效应模型进行回归分析，同时，出于稳健性考虑本章也将采用随机效应模型对回归方程进行分析，并将随机效应模型的回归结果与固定效应模型的结果进行比较。

8.6.2　固定效应模型的估计结果与分析

本章以工业用地产出效率为被解释变量，以土地配给系数为解释变量，然后逐次添加控制变量，对回归方程采用简单 OLS 回归分析。主要目的是在确保不含控制变量的基准模型的回归分析结果的基础上，兼顾控制变量与城市工业用地集约利用效率的关系分析，同时对模型的稳健性进行检验。

表 8.6 第一列的结果显示，当仅将土地配给系数作为解释变量时，该解释变量回归系数的估计值为 0.495597，并且在 0.01 水平上通过了显著性检验，说明土地配给系数对工业用地产出效率具有显著影响。调整 R^2 值为 0.518806，F 值通过了 0.01 水平上的显著性检验，说明模型拟合程度较好，解释变量对被解释变量的解释程度较强。与本书第 4.4 节提出的推论四一致。基准模型的回归结果为“土地配给”假说又提供了新的实证支持。

表 8.6　土地配给对城市工业用地产出效率影响固定效应模型结果

	模型（1）	模型（2）	模型（3）	模型（4）	模型（5）
Ln*Landrate*	0.495597*** (6.265470)	0.607017*** (12.26672)	0.589591*** (12.23921)	0.615242*** (16.14728)	0.623334*** (16.24735)

续表

	模型（1）	模型（2）	模型（3）	模型（4）	模型（5）
Ln*Perincome*		1.484792***	0.487475***	0.433687***	0.374671**
		(29.29788)	(2.715196)	(3.055497)	(2.561698)
Ln*Revenue*			0.638614***	0.510247***	0.499133***
			(5.776468)	(5.820099)	(5.684880)
Ln*Consland*				-0.905218***	-0.918436***
				(-18.10434)	(-18.15948)
Ln*City*					0.209132*
					(1.832292)
常数项	3.737241***	-10.64112***	-3.445540**	1.461707	1.126693
	(57.74782)	(-21.60976)	(-2.582120)	(1.342279)	(1.018240)
调整 R^2	0.518806	0.812784	0.823280	0.889596	0.889934
样本量	636	636	636	636	636
F 值	13.39886***	49.98445***	52.59034***	88.60890***	87.34092***

注：①表中（）内数值为 t 值，t 值上面的为系数；②*、**、***分别表示在 10%、5% 和 1% 水平上显著。

在第二列增加了控制变量城镇居民人均可支配收入，代表一个地区的经济发展水平。经济学理论已经证明，从长期来看经济发展水平与要素利用效率是正相关的。从第二列的结果来看，控制变量回归系数的估计值为 1.484792，并且通过了 0.01 水平上的显著性检验，与本章预期相符。同时，解释变量回归系数的符号没有发生改变，回归系数估计值和显著性水平有一定的提高。通过观察解释变量的构造，解释变量中包括 GDP 指标，本章认为可能是 GDP 与城镇居民人均可支配收入之间存在一定的共线性。但从结果来看，模型的共线性并不是太强，因此不影响模型结果的有效性。

在第三列增加控制变量地方财政一般预算收入，代表一个地区的政府努力水平，预期地方财政一般预算收入与工业用地产出效率呈正相关关系。第三列结果支持本章预期，控制变量的回归系数估计值为 0.638614，并且通过了 0.01 水平上的显著性检验。而且解释变量回归系数的估计值、符号和显著性水平没有发生大的变化，模型的稳健性较好。

在第四列增加控制变量城市建设用地总额指标，代表一个地区的土地资源禀赋。很显然土地资源禀赋越好，土地的集约利用效率越低。第四列结果显示，城市建设用地总额指标的回归系数估计值为 -0.905218，并且通过了 0.01 水平上的显著性检验，说明城市建设用地总额与工业用地产出效率存在负相关关系，与本章的预期结果一致。同时，解释变量回归系数的估计值、符号和显著性水平没有发生大的变化，模型的稳健性较好。

在第五列增加了控制变量城镇居民人口指标，代表人口的资源禀赋水平。人口资源禀赋越好，则会对土地等其他生产要素产生替代效应，因此预期人口资源禀赋越好，土地的集约利用效率越高。第五列的结果显示，控制变量的回归系数估计值为 0.209132，通过了 0.1 水平上的显著性检验。控制变量回归系数估计值的符号与本章预期的一致，但是显著性水平与前几个控制变量相比，有一定的降低。本章认为人口对土地的替代，要受到技术水平、自然环境、风俗文化等多方面因素影响，导致替代效应降低，使分析结果的显著性水平有所下降。同时，解释变量回归系数的估计值、符号和显著性水平没有发生大的变化，模型的稳健性较好。

总体来看，解释变量与被解释变量之间存在较为显著的正相关关系，模型拟合度较好，解释能力较强。随着控制变量的增加，解释变量与被解释变量之间的这种正相关关系相对比较稳定，模型拟合程度得到一定的提高，模型整体的解释能力较强。

8.6.3　随机效应模型的估计结果与分析

与前几章一样，本章也采用随机效应模型对土地配给与工业用地产出效率的关系进行估计，确保估计结果的有效性。表 8.7 显示的是土地配给对城市工业用地集约利用效率影响随机效应模型下的实证分析结果。

表 8.7　土地配给对城市工业用地产出效率影响随机效应模型结果

变量	常数项	Ln*Landrate*	Ln*Perincome*	Ln*Revenue*	Ln*Consland*	Ln*City*
Coefficient	0.982224	0.658907	0.401576	0.462861	-0.967431	0.262354
Std. Error	0.897951	0.036196	0.092913	0.060642	0.042908	0.079473

续表

变量	常数项	Ln*Landrate*	Ln*Perincome*	Ln*Revenue*	Ln*Consland*	Ln*City*
t - Statistic	1. 093849	18. 20406	4. 322059	7. 632696	-22. 54657	3. 301186
Prob.	0. 2745	0. 0000	0. 0000	0. 0000	0. 0000	0. 0010
样本量	636	636	636	636	636	636
调整 R^2	0. 786848					
F 值	442. 5014					
Prob.	0. 000000					

将表 8. 7 的结果与表 8. 6 的最后一列进行对比可以发现，在随机效应模型下，解释变量的回归系数估计值与固定效应模型下解释变量回归系数的估计值只存在微小的差异，并且两者在符号上是一致的，都通过了 0. 01 水平上的显著性检验，这说明无论是固定效应模型下还是随机效应模型下，解释变量与被解释变量之间的正相关关系都是显著的，支持本书在第 4. 4 节中提出的推论四。再考虑控制变量的情况，通过对比可以发现，与解释变量类似，四个控制变量的回归系数估计值在随机效应模型下和固定效应模型下差异较小，并且符号相同。四个控制变量都通过了 0. 01 水平上的显著性检验，比固定效应模式下的显著性水平更好，支持控制变量与被解释变量之间存在显著的相关关系。与固定效应模型类似，截距项都没有通过显著性检验，可以认为还存在对被解释变量具有显著影响的变量没有纳入方程，提示模型还有进一步完善的空间。回归模型的 F 值通过了 0. 01 水平上的显著性检验，R^2 为 0. 786848，说明模型整体的拟合度较好，模型的解释力较强。

综合来看，随机效应模型的结果与固定效应模型的结果不存在明显差异，为固定效应模型的结果提供了支持。

8. 7　内生性检验

从上一节回归分析的结果来看，内生性问题是本章需要重点考虑的问题。一方面，无论是固定效应模型还是随机效应模型，截距项都没有通过显著性检验，不排除有遗漏变量的存在；另一方面，土地配给固然可以提高城市工业用地的产出效率，但是，城市工业用地产出效率的提高，反过来会增加对于工业用地的需求，导致土地配给程度的提高。因此需要找到土地配给程度的有效工具变量，来保证回归分析结果的稳健性。

从本章的研究目的出发，参考相关文献的方法，选择解释变量的滞后一期作为工具变量。主要是因为：第一，本章的研究重点在于分析解释变量与被解释变量的相关性，需要排除解释变量是内生性变量的可能；第二，土地配给变量是一个描述制度的变量，具有一定的稳定性，一般情况下，土地配给程度上一期与当期呈正相关，满足相关性假定。而滞后期的土地配给程度与当期的工业用地产出效率无关，满足与误差项无关的假设。表8.8显示的是以土地配给系数指标的滞后一期为代理变量，采用工具变量法进行回归的结果。

表8.8 内生性检验结果

变量	常数项	Ln*Landrate*(-1)	Ln*Perincome*	Ln*Revenue*	Ln*Consland*	Ln*City*
Coefficient	1.851716	0.363940	0.257969	0.540645	-0.79842	0.117263
Std. Error	1.453051	0.055078	0.192132	0.116905	0.059335	0.167933
t-Statistic	1.274364	6.607759	1.342663	4.624659	-13.4562	0.698276
Prob.	0.2031	0.0000	0.18	0.0000	0.0000	0.4853
样本量	583	583	583	583	583	583
调整 R^2	0.832209					
F值	49.62354					
Prob.	0.000000					

注：表中（-1）表示变量的滞后一期。

从表8.8的结果来看，土地配给系数对于工业用地产出效率的影响是显著的，土地配给系数指标的回归系数估计值与基准模型估计值的方向一致，也通过了0.01水平上的显著性检验，与基准模型的显著性结果类似。而且从F检验的显著性水平来看，通过了0.01水平上的显著性检验，说明工具变量与原解释变量是相关的。综上所述，可以认为原解释变量是外生性变量。

8.8 稳健性检验

从本章的回归分析过程中可以看出，在固定效应模型分析过程中，本章采用逐次回归法，将控制变量逐次纳入回归方程，结果显示解释变量回归系数估计值的显著性和符号，在不同的回归方程中始终保持不变。其后又采用随机效应模型对被解释变量与解释变量的关系进行分析，结果显示随机效应模型的结果与固定效应模型的结果基本一致，不存在较大的差异，不影响本章结论的稳健性。总体来说，本章的结果是稳健和可信的，为本书第 4.4 节提出的推论四提供了实证数据的支持。

与前几章一致，本章也采用改变样本数据分组，对分组数据重新进行检验的方式，对解释变量与被解释变量关系的稳健性进行再次检验。分组的标准和操作步骤与第 5 章一样，结果显示如表 8.9 所示。

表 8.9　土地配给对城市工业用地产出效率影响的分组回归结果

西北组	常数项	Ln*Landrate*	Ln*Perincome*	Ln*Revenue*	Ln*Consland*	Ln*City*
Coefficient	1. 243779	0. 463735	0. 298817	0. 502892	-0. 752382	0. 184538
Std. Error	1. 56176	0. 045222	0. 204389	0. 119246	0. 085722	0. 149884
t - Statistic	0. 796396	10. 25463	1. 462002	4. 21727	-8. 776963	1. 231207
Prob.	0. 4265	0. 0000	0. 1449	0. 0000	0. 0000	0. 2193
样本量	336	336	336	336	336	336
调整 R^2	0. 889777					
F 值	80. 11070					
Prob.	0. 000000					
西南组	常数项	Ln*Landrate*	Ln*Perincome*	Ln*Revenue*	Ln*Consland*	Ln*City*
Coefficient	1. 407101	0. 921142	0. 249966	0. 521672	-0. 998842	0. 461106
Std. Error	1. 50922	0. 070026	0. 202866	0. 124457	0. 062559	0. 220328
t - Statistic	0. 932337	13. 15436	1. 232169	4. 191587	-15. 96653	2. 092814

续表

西南组	常数项	Ln*Landrate*	Ln*Perincome*	Ln*Revenue*	Ln*Consland*	Ln*City*
Prob.	0.3520	0.0000	0.2189	0.0000	0.0000	0.0373
样本量	300	300	300	300	300	300
调整 R^2	0.901490					
F 值	93.42717					
Prob.	0.000000					

表8.9的结果显示：第一，无论是西北组还是西南组，解释变量回归系数估计值的符号和显著性水平都与基准模型的符号和显著性水平一致，说明解释变量与被解释变量之间的相关性在分组数据中也是显著的；第二，从解释变量回归系数估计值大小来看，西南组的回归系数要大于西北组，说明在西南地区土地配给对工业用地集约利用效率的影响更为显著；第三，西南、西北解释变量的组间差距较大，说明存在其他区位变量对工业用地的集约利用效率构成影响。

总体来说，分组后的回归分析结果与总体样本的回归分析结果一致，证明本章的实证检验结果是稳健的。

8.9 本章小结

本章在第4.4节的土地配给对城市工业用地集约利用效率影响机制的分析基础上，以2005~2016年西部地区拥有国家级开发区的53个地级市的数据为样本，选择对数回归模型，以土地配给系数作为解释变量，以城镇居民人均支配收入、地方财政一般预算收入、建设用地总额、城镇人口四个变量作为控制变量，构造了一个多元回归模型，对土地配给系数与城市工业用地产出效率的关系进行检验，为本书在第4.4节提出的推论四提供实证支持。

通过对面板数据进行单位根检验、协方差分析检验和Hausman检验，本章确定采用固定效应变截距模型对面板数据进行分析，同时，为了确保分析结果的稳健性，采用随机效应模型对固定效应变截距模型的结果进行对比分析，并对回归分析的结果进行内生性和稳健性检验，确保模型回归结果的稳健性和可靠性。模型的回归分析结果得到如下结论：

（1）土地配给作为一种土地资源的配置方式对工业用地的集约利用效率具有重要的影响。土地配给对于城市工业用地的集约利用效率呈显著正相关关系。这与本书第4.4节提出的推论四是一致的。同时，模型的解释力很强，与第5章、第6章、第7章一起，为本书第4章提出的“土地配给”假说提供了坚实的实证支持。

（2）通过将不同控制变量逐次纳入回归模型，进行回归分析。结果显示在不同的回归模型下土地配给系数与工业用地产出效率之间的相关性是稳健的。而随机效应模型的结果也支持这一结论。

（3）通过对分组数据的稳健性检验，结果显示解释变量与被解释变量的相关性在分组数据中也是显著的；西南地区土地配给对工业用地集约利用效率的影响更为显著；显示存在其他区域间变量对工业用地的集约利用效率构成影响。综合来看，模型的结果是稳健和可信的。

（4）通过将解释变量的滞后一期作为工具变量纳入模型，进行内生性检验。结果显示解释变量是外生的，模型的结果可信。

（5）通过对控制变量与被解释变量相关性的分析，结果显示与边际收益递减规律下的要素替代行为保持一致，说明本书提出的“土地配给”假说与现有理论的自洽性较好。

第9章　主要结论、不足之处与对策建议

改革开放以来，中国的经济发展取得了举世瞩目的成就，中国已经成长为世界第二大经济体和世界第一大制造业国家。但是随着经济的不断发展，资源与环境约束对经济可持续发展的影响也日益明显。提升工业用地集约利用效率、加强经济可持续发展能力已经成为转变经济发展方式、促进产业结构升级的重要手段与措施。与其他相关研究主要关注经济增长方式、产业结构等宏观变量对工业用地集约利用效率的影响不同，本书从市场主体的微观效用函数出发，重点研究信息不对称对工业用地集约利用效率的影响机理。在对工业用地集约利用效率相关基础理论与文献梳理的基础上，对我国工业用地集约利用效率的历史演进规律进行分析，指出资源禀赋、激励机制、政府行为是影响我国工业用地集约利用效率的主要因素，并以此为基础构建了一个基于信息不对称的土地配给模型，并提出了“土地配给”假说及相关推论。最后，以西部地区的53个城市为样本，采用面板数据回归分析方法，对“土地配给”假说及其推论进行了实证研究。

本章将对前面各章的研究内容进行简要总结和归纳，同时结合本书的研究结论，对有益于工业用地集约利用效率提升的制度创新和政策设计做必要的讨论。

9.1 主要结论

本书以工业用地集约利用效率为研究对象，着重分析信息不对称条件下土地资源配置方式变化对工业用地集约利用效率的影响机理。通过研究得出以下主要结论。

9.1.1 投资强度上升会导致土地配给

本书针对投资强度对土地配给的作用机理进行研究，指出在现有土地出让合约结构下，信息不对称使价格机制失灵，此时简单地持续提高投资强度，有时会不利于提高资源配置效率。由于信息不对称条件下，破产成本与投资强度呈正相关，投资强度作为甄别工具可以影响项目质量，进而影响土地的供给与需求水平，导致“土地配给”现象的出现。而土地配给可以有效提高资源的配置效率，实际上是一种信息不对称条件下市场均衡的表现形式。其后，本书又从激励机制角度对投资强度的作用进行分析，指出由于不同风险项目对投资强度的反映不同，因此可以通过提高投资强度实现不同风险项目的分离，即“斯宾塞－莫里斯”条件的应用。以此为基础，提出了“土地配给”假说的推论一：投资强度的增加（即 l 降低）可以提高城市工业用地的配给水平。在第5章对推论一进行了检验，检验结果为推论一提供了实证支持。

9.1.2 市场收益率上升会提高土地配给水平

本书针对市场收益率对土地配给作用机理的分析，指出市场收益率的上升会促使企业家选择那些风险更高的项目。而项目风险的增加使企业家可以凭借信息优势获取更高的收益率，进而扩大土地需求；另外，项目风险的增加，降低了政府的期望收益率，使土地供给减少。土地需求与土地供给的变化，使土地供求缺口扩大，提高了土地配给水平。以此为基础，本书提出了“土地配给”假说的推论二：随着市场收益率的上升，工业用地的配给水平会不断提高。在第6章对推论二进行了检验，实证分析结果证明了市场收益率与土地配给之间存在显著的正相关关系，为“土地配给”假说提供了实证支持。

9.1.3 技术变迁提高土地配给水平

本书针对技术变迁对土地配给作用机理的分析，指出技术变迁的路径选择会对土地配给造成不同的影响。资本节约型技术变迁强化土地配给，而土地节约型技术变迁会弱化土地配给。资本节约型技术变迁在提高项目产出水平的同时，也提高了政府收益率，进而鼓励政府提高投资强度要求，进一步提升了土地配给水平。同时，也指出投资强度不但在存量上，而且在增量上也与土地配给呈正相关关系。以此为基础，本书提出了推论三：随着投资强度增长率的提高，工业用地配给水平增长率也会随之提高。在第7章的实证分析中，对推论三进行了检验，检验结果显示投资强度增长率与土地配给水平增长率之间存在显著的正相关关系，为“土地配给”假说提供了实证支持。

9.1.4 土地配给提高城市工业用地集约利用效率

本书针对土地配给对城市工业用地集约利用效率的影响机制进行了分析。认为在信息不对称条件下，除了边际技术替代率递减规律外，工业用地的集约利用效率还要受到交易成本（风险）的影响。土地配给作为政府权衡风险与收益的方式，会优化资源配置效率，导致工业用地集约利用效率提高。同时，本书也指出随着土地配给均衡的实现，进一步提高投资强度有可能会反过来降低工业用地的集约利用效率。这与交易成本会影响资源配置效率的思想是一致的。以此为基础，本书提出了“土地配给”假说的推论四：工业用地配给水平的增加可以提高土地的集约利用效率。在第8章实证分析中，对推论四进行了检验，检验结果显示土地配给与城市工业用地集约利用效率之间存在显著的正相关关系，为“土地配给”假说提供了实证支持。

9.1.5 土地配给水平的决定受到多种因素的影响

根据第5章、第6章、第7章和第8章的实证分析结果，可以发现土地配给作为一个内生变量，土地配给水平的决定要考虑多种因素的影响。从实证结果来看，投资强度、市场收益率、全社会固定资产投资、政府努力水平等因素有助于工业用地配给水平的提高，但是资源禀赋（人口规模、建设用地规模）、市场规模（GDP）、城镇化水平等因素都制约着工业用地配给水平的上升。因此地方政府在决定工业用地的配给水平时，需要对多种因素进行协调，顾及不同利益相关方的需求，实现工业用地集约利用效率的持续提升。

9.2 不足之处

本书的不足之处是：

（1）在研究过程中假定地方政府以追求收入最大化为目标，但实际上地方政府的行为往往是受多重目标所驱动。而政府目标的多元化无疑会影响到政府的资源配置倾向，已有大量文献证明这一事实。然而，受学识水平的限制，本书过于偏重分析在政府收入最大化目标驱动下，资源配置变化对于工业用地集约利用效率的影响，而对多元目标驱动下工业用地集约利用效率的变化规律研究不够。对此，还需要进一步探究工业用地集约利用效率与政府多元目标之间的互动关系，深化对工业用地集约利用效率影响机理的理解和认识。

（2）在对土地配给与工业用地集约利用效率影响机制的分析过程中，遵循“信息不对称—资源配置—城市工业用地集约利用效率”的研究思路，在分析过程中假定技术是外生的。但按照内生增长理论，激励约束条件、资源禀赋等都会对技术产生影响，即技术在一定程度上可能是内生的。技术的内生化显然会极大地增加研究的复杂性，需要对资源禀赋、激励约束、微观主体的效用函数等因素进行协同性分析。这也就从研究方法和研究内容上提出了更高的要求，需要在未来的研究中，对技术的演化规律做出进一步的深入思考。

（3）在分析信息不对称对资源配置的影响机理时，忽视了信息不完美的作用。但实际上，信息不对称和信息不完美往往是同时存在的，因此要准确地研究激励约束机制对资源配置的影响，应该同时考虑这两类不同的激励约束条件的变化及其互动关系，这显然会增加研究的难度，需要对激励约束条件做出更为细致的考察和分析。

（4）以西部地区53个拥有国家级开发区的地级城市为样本，重点分析了土地配给对城市工业用地集约利用效率的影响机制。由于本书的样本都集中在西部地区。因此研究结论可能无法证明东部和中部地区土地配给对工业用地集约利用效率的影响，这无疑会降低本书的应用价值。因此，有必要采用更全面、涵盖东、中、西部地区的样本数据进行更细致和全面的分析。

（5）相关数据都来源于国土资源部2006～2017年国土资源统计公报、住房和城乡建设部2006～2017年《中国城市建设统计年鉴》、国家统计局及各样本城市2006～2017年统计年鉴和统计公报。由于各部门及地区在统计时不可避免地会存在一定的差异，所以本书所使用的数据可能会带有偏差，这种偏差无疑会对研究结果的稳健性及合理性产生不利影响，对此未来有必要采用更细致的数据和样本进行更全面的分析。

9.3 对策建议

通过前面的分析可以发现，影响我国工业用地集约利用效率的因素是多层面的，既包括宏观层面的地区经济发展水平、资源禀赋、市场规模等因素，也包括投资强度、市场利率（企业盈利能力）等微观层面的因素，因此提升工业用地集约利用效率需要从多方面着手。随着我国经济发展方式的转型，土地资源约束与需求矛盾日益突出，能够提升有效工业用地集约利用效率的制度建设就显得尤为重要。本书主要从信息不对称角度研究土地配给对工业用地集约利用效率的影响，前面的研究已经证明在信息不对称条件下，持续提高投资强度水平有时并不利于提高工业用地的集约利用效率，因此要想持续提高土地集约利用效率，必须从改善信息不对称入手，进一步促进工业用地集约利用效率的提高。因此本章将从上述角度出发对提升工业用地集约利用效率提出对策建议。

9.3.1 改善信息不对称的建议

9.3.1.1 科学制定工业用地准入标准，创新土地出让方式

科学制定工业用地的准入标准，并不是片面地提高工业用地的出让价格，在本书前面的分析中已经提出，在信息不对称情况下，单一的价格机制是无效的。因此要提高工业用地的集约利用效率，必须重视信号显示机制的作用。在工业用地控制指标的设定时，应遵循系统性和科学性的原则，从投资强度、项目资本结构等方面科学设定工业用地准入标准，鼓励企业家发挥自选择机制，降低政府的信息不对称情况，提高工业用地的集约利用效率。

另外，需要创新工业用地的出让方式。本书前面的分析已经指出在价格机制失灵的条件下，可以通过价格和非价格机制相互协调的方式提高资源的配置和使用效率，这就需要对现有的土地出让方式进行改革。可以采取土地用地租赁、以租代售、多阶段分步出让等形式，丰富工业用地的出让方式，提高对于工业用地使用者的集约利用土地的激励。在土地出让价格支付方式方面，可以考虑采用收益递增模式替代固定收益模式或按比例收取土地价格的方式，将工业用地转让价格与未来的土地价格指数挂钩，减少对企业圈占、浪费土地的激励。

9.3.1.2 建立工业用地集约利用激励机制

第一，虽然本书的理论框架是建立在政府和企业家对项目成功概率存在信息不对称基础之上的，但实际上有关项目成功概率的信息是多方面的，只要有良好的激励机制，政府就可以大幅缩小与企业家之间的信息不对称情况。可以建立和完善工业用地集约利用评价机制，根据工业用地集约利用的结果，对工业发展效益好、工业用地集约利用效率高的地区在工业用地指标方面进行奖励，并在工业用地规划等方面予以适当倾斜。

第二，研究制定地价与工业用地集约利用联动机制，在不低于国家有关协议出让土地最低价的基础上，对土地集约利用程度较低的项目提高供地价格，对土地集约程度较高的项目可以给予相应的奖励或补贴。

第三，鼓励企业在不改变土地用途、不违反土地利用规划的前提下，通过厂房改造等手段，提高现有工业用地的投资强度和利用率，增加土地的容积率。研究出台更加灵活的支持政策，不增收土地款，在项目建设审批流程上予以优先支

持，并在财税、金融等方面给予相应的优惠。

9.3.1.3 加强工业用地审批后的跟踪管理

在当前土地供需矛盾尖锐、工业用地指标不断收紧、土地保有成本较低的情况下，强化工业用地的审批后监管，是抑制土地违法行为、提高工业用地集约利用效率的重要途径。

第一，政府要在工业用地出让合同中，明确对投资强度、容积率、土地的产出效率等工业用地集约利用指标的要求，土地的使用方应对项目的建设周期、达产周期等做出书面承诺。每年按照土地面积乘以其土地产出效率不足部分缴纳违约金，直到土地产出效率达到合同约定数额为止。

第二，建立多部门联动机制，由与国土资源管理有关的政府部门按照合同规定的条款对工业用地的使用情况进行审核，凡不符合合同规定建设的，可以核减用地面积，收取土地违约金，甚至依法收回土地使用权。对于按合同规定实现了投资强度、容积率等集约用地量化指标的企业，则可予以奖励，进一步提高工业用地集约利用水平。

第三，建立履约保证金制度。在签订工业用地出让合同时，应明确项目的开工时间、建设周期、验收标准和保证金的缴纳比例等相关内容。借鉴有关地方的做法，可以根据合同金额的大小，分别确定一定比例作为项目开工和按时竣工的履约保证金。经相关管理部门按照合同的规定验收后，再根据约定的方式予以返还。

9.3.2 建立事后谈判机制的建议

9.3.2.1 建立工业用地出让年限动态调整机制

本书在前面的研究中指出，缺乏有效的事后谈判机制是导致工业用地土地配给出现的重要原因，因此引入事后谈判机制是解决工业用地土地配给的有效途径。在我国现有的工业用地出让方式下，工业用地的出让实际上就是政府与企业签订的一个长期契约。威廉姆森已经指出，“有限理性”“机会主义”“资产专用性”对长期契约的稳定性具有重要影响。因此采取工业用地出让年限动态调整机制，可以有效地解决由信息不对称所带来的“机会主义”行为对长期契约稳定性带来的影响。

第一，综合评估不同项目的资产专用性情况，例如固定资产（不包含土地价值在内）在总资产中的比例和技术更新换代速度等。研究制定适合不同产业和项目特点的工业用地出让年限标准，再结合项目的投资规模、项目建设方的社会声誉、对地方经济的拉动效应等因素，实现工业用地出让年限的差别化供给，促进产业转型升级，提高工业用地集约利用效率。例如，北京经济技术开发区就将工业用地的出让年限从50年降为20年；上海临港区对工业用地出让年限采取了10年、20年、30年、40年、50年的弹性出让方式。

第二，通过重复谈判建立声誉评价机制。工业用地出让年限的缩短，使政府与企业间的关系从一次性的长期契约谈判变为多次的短期契约谈判，重复性谈判的出现，使声誉机制的建立成为可能。一方面，政府可以通过重复谈判加深对企业的了解；另一方面，声誉机制的存在也使企业的承诺更为可信。政府可以根据企业过往履行承诺的情况，在后续谈判的过程中从工业用地的出让价格和出让时间等方面对企业进行奖励，减少企业的机会主义行为，提高工业用地的集约利用效率。

9.3.2.2 建立工业用地出让价格事后调节机制

工业用地出让年限的动态调节机制对于提高资产专用性较强的行业的工业用地集约利用效率作用较为明显，但是对于那些资产专用性低、技术含量高、人力资本占比大的高技术产业和新兴行业却不一定有效。而这些行业恰恰是我国产业转型升级的目标和方向，因此建立工业用地出让价格事后调节机制可以有效地解决这一问题。参考杭州市的相关做法：

第一，政府与企业就某一项目签订工业用地出让合同。合同规定政府可以免费或以较低的价格将土地的使用权租赁给企业使用，企业承诺在未来某个时间要实现某个经营目标（企业利润、市场规模、企业价值等）。如果企业实现该经营目标，则政府承诺将该土地使用权无偿或者按合同约定的价格出让给企业。

第二，如果企业在承诺期末实现了预定的目标，则政府将原先租给企业使用的土地，按照事先商定的价格出让给企业。如果企业未按期实现预定经营目标，则政府无偿收回土地的使用权，企业必须搬迁，并承担相应的损失。

工业用地出让价格事后调节机制实际上是金融行业的估值调整机制在工业用地出让领域的应用。由于在地区竞争制度下，政府肩负有发展地方经济、优化资源配给的责任，类似金融工具的使用，可以有效地解决地方政府的信息不对称问题，提高工业用地的集约利用效率。

9.3.3 加快土地市场建设合理配置土地资源

本书第4章的理论分析和随后各章的实证分析都表明，工业用地的配给是在现有土地出让合约结构下提高工业用地集约利用效率的有效措施。但不可否认的是，工业用地的配给也带来了诸如过度投资等负面效应，限制了工业用地集约利用效率的持续提升。这一点在国土资源部《国家级开发区土地集约利用评价情况通报（2017年度）》中已经有所体现。所以从长远来看，加快土地市场建设，改变土地出让合约结构，处理好政府与市场的关系，发挥市场在资源配置中的决定性作用，才是实现工业用地集约利用效率持续健康提高的根本途径。

9.3.3.1 优化政府职能

从我国现有的土地有偿出让方式来看，主要包括协议、招标、挂牌和拍卖四种形式。之所以存在多种土地出让方式，与政府所履行的职能有关。与其他分权制国家不同，我国的地方政府除了履行社会管理和公共服务职能外，还直接介入资源配置，不同的土地出让方式实际上对应着不同的政府意愿。而经济学理论已经证明，政府直接介入资源配置往往导致资源的使用效率低下。所以为了提高资源的配置效率，更好地促进地方经济发展，应将政府的资源配置职能与其他职能分离。其实，我国现有的各级开发区模式已经初步具备了这一发展方式的雏形。而现有土地出让方式所内含的鼓励和吸引投资的职能，则可以通过地方政府所属的投资基金或产业投资公司通过市场化手段来承担，使土地出让方式和价格回归到原有的目的上，减少政府对于市场的干预，实现资源的优化配置，提高土地的集约利用效率。

9.3.3.2 建立多渠道的土地供应机制

按照我国现有的土地管理制度，土地的类型可分为国有土地和农村集体土地。农村集体土地由于产权属性模糊，产权效率较低，所以土地的集约利用效率始终无法有效提高，加之政府出于农业安全的考虑也限制农村土地大规模转向城镇建设用地。目前，城镇建设用地的主要来源是政府通过征收农村集体用地，将其转化为国有土地，再用作城镇建设用地。但是这种做法会产生如下负面效果：

第一，地方政府在土地一级市场的垄断，抬高了土地价格，使要素相对价格发生扭曲，损害了经济可持续发展能力。近年来，中国制造业盈利能力的下滑和出走以及房地产业及相关产业的崛起已经体现了这一问题。第二，在我国现行管理机制下，政府在土地征用过程中缺乏有效的监督机制，土地的征用价格缺乏透明度和标准化。软预算约束使政府有意愿压低农地的征用价格。第三，土地征用价格没有体现市场正常价格水平，反过来又导致土地尤其是工业用地的粗放式扩张，严重阻碍了工业用地的集约利用。因此，要促进工业用地集约利用效率的提高，就必须对现有的土地征用制度进行改革，积极推动多渠道土地供应机制的建设，加快推进农村土地确权，提高农村土地的产权效率，将农村闲置和利用效率不高的非农业用地，变成城镇建设用地，增大城镇建设用地的供给，推动土地市场化机制建设，用市场的力量实现工业用地集约利用效率的提升。

参考文献

［1］ Akerlof G. The Market for "Lemons": Quality Uncertainty and the Market Mechanism ［J］. Quarterly Journal of Economics, 1970, 84 (3): 488 –500.

［2］ Ambrose B. An Analysis of the Factors Affecting Light Industrial Property Valuation ［J］. Journal of Real Estate Research, 1990, 5 (3): 355 –370.

［3］ Arabsheibani R, Sadat Y K, Abedini A. Land Suitability Assessment for Locating Industrial Parks: A Hybrid Multi Criteria Decision – Making Approach Using Geographical Information System ［J］. Geographical Research, 2016, 54 (4): 446 –460.

［4］ Arrow K J. Uncertainty and the Welfare Economics of Medical Care ［J］. Journal of Health Politics Policy & Law, 1963, 53 (5): 941 –973.

［5］ Bentick B L. The Impact of Taxation and Valuation Practices on the Timing and Efficiency of Land Use ［J］. Journal of Political Economy, 1979, 87 (4): 859 –868.

［6］ Berardi M. Credit Rationing in Markets With Imperfect Information ［J］. Social Science Electronic Publishing, 2007, 71 (3): 393 –410.

［7］ Bertaud A. China: Urbanization in China: Land Use Efficiency Issues ［Z］. https://alainbertaud.com/AB_Files/AB_ China_land_ use_ report_6. pdf, 2007 –08 –30.

［8］ Bertaud A, Bertaud M – A, Wright J O Jr. Efficiency in Land Use and Infrastructure Design: An Application of the Bertaud Model ［R］. The World Bank Policy Planning and Research Staff, 1988.

[9] Biais B, Gollier C. Trade Credit and Credit Rationing [J]. Review of Financial Studies, 1997, 10 (4): 903 - 937.

[10] Blanchard O, Shleifer A. Federalism with and Without Political Centralization: China Versus Russia [J]. IMF Staff Papers, 2001, 48 (1): 171 - 179.

[11] Brandt L, Tombe T, Zhu X D. Factor Market Distortions Across Time, Space and Sectors in China [J]. Review of Economic Dynamics, 2013, 16 (1): 39 - 58.

[12] Cainelli G. Spatial Agglomeration, Technological Innovations, and Firm Productivity: Evidence from Italian Industry Districts [J]. Growth and Change, 2008, 39 (3): 414 - 435.

[13] Chaudhuri S, Biswas A. Endogenous Labor Market Imperfection, Foreign Direct Investment and External Terms - of - trade Shocks in a Developing Economy [J]. Economic Modeling, 2016 (59): 416 - 424.

[14] Chen K H, Guan J C. Measuring the Efficiency of China's Regional Innovation Systems: An Application of Network DEA [J]. Regional Studies, 2012, 46 (3): 355 - 377.

[15] Choy L H T, Lai Y, Lok W. Economic Performance of Industrial Development on Collective Land in the Urbanization Process in China: Empirical Evidence from Shenzhen [J]. Habitat International, 2013 (40): 184 - 193.

[16] Cooper R, Hayes B. Multi - period Insurance Contracts [J]. International Journal of Industrial Organization, 1987, 5 (2): 211 - 231.

[17] Del Saz - Salazar S, García - Menéndez L. Public Provision Versus Private Provision of Industrial Land: A Hedonic Approach [J]. Land Use Policy, 2005 (22): 215 - 223.

[18] Dewatripont M, Maskin E. Contract Renegotiation in Models of Asymmetric Information [J]. European Economic Review, 1990, 34 (2 - 3): 311 - 321.

[19] Dewatripont M, Maskin E. Credit and Efficiency in Centralized and Decentralized Economies [J]. Review of Economic Studies, 1995, 62 (4): 541 - 555.

[20] Dewatripont M, Roland G. Soft Budget Constraints, Transition, and Industrial Change [J]. Journal of Institutional and Theoretical Economics (JITE), 2000, 156 (1): 245 -260.

[21] Engle R F, Granger C. Cointegration and Error - Correction: Representation, Estimation and Testing [J]. Econometrica, 1987, 55 (2): 251 -276.

[22] Evans A. Economics and Land Use Planning [M]. Oxford: Blackwell Publishing, 2004.

[23] Feiock R C, Tavares A F, Luhell M. Policy Instrument Choices for Growth Management and Land Use Regulation [J]. Policy Studies Journal, 2008, 36 (3): 461 -480.

[24] Freixas X, Guesnerie R, Tirole J. Planning Under Incomplete Information and the Ratchet Effect [J]. Review of Economic Studies, 1985, 52 (2): 173 - 191.

[25] Hamza R, Au W, Johnson M, et al. Video to Information (V2I) System Enabling Old Commercial Cockpit Instruments to Participate in the Advanced Information Retrieval and Safety Services [C]. Digital Avionics Systems Conference, 2002.

[26] Hart O, Moore J A. Debt and Seniority: An Analysis of the Role of Hard Claims in Constraining Management [J]. The American Economic Review, 1995, 85 (3): 567 -585.

[27] Heilig G K. Anthropogenic Factors in Land - Use Change in China [J]. Population and Development Review, 1997, 23 (1): 139 -168.

[28] Henderson J V. The Tiebout Model: Bring Back the Entrepreneurs [J]. Journal of Political Economy, 1985, 93 (2): 248 -264.

[29] Hillman A, Katz E, Rosenberg J. Workers as Insurance: Anticipated Government Assistance and Factor Demand [J]. Oxford Economic Papers, 1987, 39 (4): 4.

[30] Huang H, Xu C. Soft Budget Constraint and the Optimal Choices of Research and Development Projects Financing [J]. Journal of Comparative Economics, 1998, 26 (1): 62 -79.

[31] Hurwicz L. On Informationally Decentralized Systems [M]. Decision and Organization: A Volume in Honor of Jacob Marschak, 1972.

[32] Hölmstrom B. Moral Hazard and Observability [J]. Bell Journal of Economics, 1979, 10 (1): 74 - 91.

[33] Kaiser E J, Godschalk D R. Twentieth Century Land Use Planning [J]. Journal of the American Planning Association, 1995, 61 (3): 365 - 385.

[34] Kornai J. Resource - Constrained versus Demand - Constrained Systems [J]. Econometrica, 1979, 47 (4): 801 - 819.

[35] Kornai J. Economics of Shortage [M]. Amsterdam: North - Holland, 1980.

[36] Kowalski J G, Paraskevopoulos C C. The Impact of Location on Urban Land Prices [J]. Journal of Urban Economics, 1990 (27): 16 - 24.

[37] Laffont J J, Tirole J. Auctioning Incentive Contracts [J]. Journal of Political Economy, 1987, 95 (5): 921 - 937.

[38] Laffont J J, Tirole J. Using Cost Observation to Regulate Firms [J]. Journal of Political Economy, 1986, 94 (3): 614 - 641.

[39] Laffont J J, Martimort D. The Theory of Incentives: The Principal - Agent Model [J]. Journal of Economics, 2003, 80 (3): 284 - 287.

[40] Li D. Public Ownership as a Sufficient Condition for the Soft Budget Con - straint [R]. CREST Working Paper 93 - 07, Ann Arbor: University of Michigan Center for Research on Economic and Social Theory, 1992.

[41] Li S M, Li S H, Zhang W Y. The Road to Capitalism: Competition and Institutional Change in China [J]. Journal of Comparative Economics, 2000, 28 (2): 269 - 292.

[42] Lin S W, Ben T M. Impact of Government and Industrial Agglomeration on Industrial Land Prices: A Chinese Taiwan Case Study [J]. Habitat International, 2009, 33 (4): 412 - 418.

[43] Ljungwall C, Tingvall P G. Is China Different? A Meta - Analysis of the Growth - Enhancing Effect from R&D Spending in China [J]. China Economic Re-

view, 2015 (36): 272 -278.

[44] Lucas R E. On the Mechanics of Economic Development [J] . Journal of Monetary Economics, 1989, 22 (1): 3 -42.

[45] Maskin E. Nash Equilibrium and Welfare Optimality [J] . Review of Economic Studies, 1999, 66 (1): 23 -38.

[46] McKinnon R I. Money and Capital in Economic Development [M] . Washington, D C: The Brookings Institution, 1973.

[47] Mercedes G A, Joaquin M. Patents, Technological Inputs and Spillovers Among Regions [J] . Applied Economics, 2009, 41 (12): 1473 -1486.

[48] Mirrlees J A. Optimum Accumulation Under Uncertainty: The Case of Stationary Returns to Investment [M] . Allocation Under Uncertainty: Equilibrium and Optimality, 1974.

[49] Mirrlees J A. The Optimal Structure of Incentives and Authority Within an Organization [J] . Bell Journal of Economics, 1976, 7 (1): 105 -131.

[50] Musgrave R. The Theory of Public Finance [M] . New York: McGraw Hill, 1959.

[51] Naughton B. What Is Distinctive About China's Economic Transition? State Enterprise Reform and Overall System Transformation [J] . Journal of Comparative Economics, 1994, 18 (3): 470 -490.

[52] Nilssen T. Consumer Lock - in with Asymmetric Information [J] . International Journal of Industrial Organization, 2000, 18 (4): 641 -666.

[53] Oates W. Fiscal Federalism [M] . New York: Harcourt Brace Jovanovic, 1972.

[54] Oates W. An Essay on Fiscal Federalism [J] . Journal of Economic Literature, 1999, 37 (3): 1120 -1149.

[55] Park J - I, Leigh N G. Urban Industrial Land Loss and Foreign Direct Investment - Related Manufacturing Job Sprawl: An Atlanta, Georgia MSA Case Study [J] . Journal of Urban Technology, 2017, 24 (4): 362 -384.

[56] Pauly M V. The Economics of Moral Hazard: Comment [J] . American E-

conomic Review, 1968, 58 (3): 531 -537.

[57] Petrick M. Empirical Measurement of Credit Rationing in Agriculture: A Methodological Survey [J] . Agricultural Economics, 2005, 33 (2): 191 -203.

[58] Qian Y, Roland G. Federalism and the Soft Budget Constraint [J] . American Economic Review, 1998, 88 (5): 1143 -1162.

[59] Qian Y, Roland G, Xu C. Why is China different from Eastern Europe? Perspectives from Organization Theory [J] . European Economic Review, 1999, 43 (4 -6): 1085 -1094.

[60] Qian Y, Xu C. Why China's Economic Reforms Differ: The M - Form Hierarchy and Entry/Expansion of the Non - State Sector [J] . Economics of Transition, 1993, 1 (2): 135 -170.

[61] Qian Y, Xu C. Innovation and Bureaucracy Under Soft Budget Constraint [J] . Review of Economic Studies, 1998, 66 (1): 156 -164.

[62] Radner R. Monitoring Cooperative Agreements in a Repeated Principal - Agent Relationship [J] . Econometrica, 1981, 49 (5): 1127 -1148.

[63] Rider R. Decentralizing Land Use Decisions [J] . Public Adwinistration Review, 1980, 40 (6): 594 -602.

[64] Rodden J. The Dilemma of Fiscal Federalism: Grants and Fiscal Performance Around the World [J] . American Journal of Political Science, 2002, 46 (3): 670 -687.

[65] Rogerson W P. Repeated Moral Hazard [J] . Econometrica, 1985, 53 (1): 69 -76.

[66] Romer P M. Increasing Returns and Long - Run Growth [J] . Journal of Political Economy, 1986, 94 (5): 1002 -1037.

[67] Rothschild M, Stiglitz J. Equilibrium in Competitive Insurance Markets: An Essay on the Economics of Imperfect Information [R] . Foundations of Insurance Economics, 1976.

[68] Rubinstein A, Yaari M E. Repeated Insurance Contracts and Moral Hazard [J] . Journal of Economic Theory, 1983, 30 (1): 74 -97.

[69] Saghapour T. Achievement of Sustainable Transportation Through Land – Use Mix at Local Level: Case Studies of Two Urban Districts in Shiraz City, Iran [J]. Journal of Sustainable Development, 2013, 6 (1): 71 – 82.

[70] Schmidt K, Schnitzer M. Privatization and Management Incentives in the Transition Period in Eastern Europe [J]. Journal of Comparative Economics, 1993, 17 (2): 1 – 287.

[71] Sebastian L, Artem K. The Effect of Industrial and Commercial Land Consumption on Municipal Tax Revenue: Evidence from Bavaria [J]. Land Use Policy, 2018 (77): 279 – 287.

[72] Shleifer A, Vishny R. Poloticians and Firms [J]. Quarterly Journal of Economics, 1994 (46): 995 – 1025.

[73] Solow R M. A Contribution to the Theory of Economic Growth [J]. The Quarterly Journal of Economic, 1956, 70 (1): 65 – 94.

[74] Spence M. Job Market Signaling [J]. Quarterly Journal of Economics, 1973, 87 (3): 355 – 374.

[75] Stiglitz J E, Weiss A. Credit Rationing in Markets with Imperfect Information [J]. American Economic Review, 1981, 71 (3): 393 – 410.

[76] Stiglitz J E. Incentives and Risk Sharing in Sharecropping [J]. Review of Economic Studies, 1974, 41 (2): 219 – 255.

[77] Stiglitz J E. Monopoly, Non – Linear Pricing and Imperfect Information: The Insurance Market [J]. Review of Economic Studies, 1977, 44 (3): 407 – 430.

[78] Stiglitz J E. The Theory of Local Public Goods [A] // Feldstein M S, Inman R P. The Economics of Public Services [C]. Macmillan Publishing Company, 1977: 274 – 333.

[79] Stiglitz J E. Whither Socialism? Wicksell Lectures [M]. Cambrige, MA: MIT Press, 1994.

[80] Sufi A. Information Asymmetry and Financing Arrangements: Evidence from Syndicated Loans [J]. Journal of Finance, 2007, 62 (2): 629 – 668.

[81] Suzuki J. Land Use Regulation as a Barrier to Enter Evidence from the TEX-

AS Lodging Industry [J]. International Economic Review, 2013, 54 (2): 495 - 523.

[82] Swam A. Constraints Affecting the Efficiency of the Urban Residential Land Market in Developing Countries: A Case Study of India [J]. Habitat International, 2002, 26 (4): 523 - 537.

[83] Tiebout C M. A Pure Theory of Local Expenditures [J]. Journal of Political Economy, 1956, 64 (5): 416 - 424.

[84] Ustaoglu E, Silva F B E, Lavalle C. Environment, Quantifying and Modelling Industrial and Commercial Land - use Demand in France [J]. Development and Sustainability, 2018 (11): 1 - 31.

[85] Vandermeer M C, Halleux J M. Evaluation of the Spatial and Economic Effectiveness of Industrial Land Policies in Northwest Europe [J]. European Planning Studies, 2017, 25 (8): 1 - 22.

[86] Wang H - J. Symmetric Information and Credit Rationing: Graphical Demonstrations [J]. Financial Analysis Journal, 2000, 56 (2): 85 - 95.

[87] Wu J, Zhou Z X, Liang L. Measuring the Performance of Chinese Regional Innovation Systems with Two - Stage DEA - Based Model [J]. International Journal of Sustainable Society, 2010, 2 (1): 85 - 99.

[88] Xu C, Maskin E, Qian Y. Incentives, Information, and Organizational Form [J]. Review of Economic Studies, 2000, 67 (2): 359 - 378.

[89] Young A A. Increasing Retures and Economic Progress [J]. The Economic Journal, 1928, 38 (152): 527 - 542.

[90] [德] 阿尔弗雷德·韦伯. 工业区位论 [M]. 李刚剑, 陈志人, 张英保译. 北京: 商务印书馆, 1997.

[91] [英] 阿尔弗雷德·马歇尔. 经济学原理 [M]. 廉运杰译. 北京: 华夏出版社, 2005.

[92] [英] 爱德华·威斯特. 论资本用于土地 [M]. 李宗正译. 北京: 商务印书馆, 2015.

[93] [德] 奥古斯特·廖什. 经济空间秩序 [M]. 王兴中等译. 北京: 商

务印书馆，2010.

［94］［美］白苏珊（Susan H. Whiting）. 乡村中国的权力与财富：制度变迁的政治经济学［M］. 郎友兴，方小平译. 杭州：浙江人民出版社，2009.

［95］班茂盛，方创琳，宋吉涛. 国内外开发区土地集约利用的途径及其启示［J］. 世界地理研究，2007，16（3）：45－60.

［96］贝涵璐. 建设用地利用效率时空差异及其与城镇化质量的耦合关系［D］. 杭州：浙江大学博士学位论文，2016.

［97］毕宝德. 土地经济学（修订本）［M］. 北京：中国人民大学出版社，1993.

［98］卞元超，白俊红. "为增长而竞争"与"为创新而竞争"——财政分权对技术创新影响的一种新解释［J］. 财政研究，2017（10）：45－55.

［99］曹飞. 建设用地利用效率与城镇化耦合效应研究——以河南省17个地级市为例［J］. 现代城市研究，2018（2）：125－132.

［100］曹坷，肖竞. 基于动态演进观念的工业用地空间布局模式研究［M］. 南京：东南大学出版社，2011.

［101］曹子剑，赵松，徐更新. 中日两国工业地价比较研究［J］. 中国房地产，2012（9）：49－57.

［102］柴志春，纪成旺，赵松. 工业用地供应制度改革路径探索［J］. 农业工程，2012，2（7）：53－55.

［103］车娜. 差别化管理推进工业节约集约用地［N］. 中国国土资源报，2012－10－30.

［104］陈成，吴群，王楠君. 开发区土地集约利用研究——以徐州市开发区为例［J］. 国土资源科技管理，2005（4）：46－50.

［105］陈海燕. 转变经济发展方式背景下土地集约利用机理研究——以江苏省昆山市为例［D］. 南京：南京农业大学博士学位论文，2011.

［106］陈基伟. 上海工业用地二次开发模式研究［J］. 科学发展，2013（10）：9－20.

［107］陈抗，Hillman A L，顾清扬. 财政集权与地方政府行为变化——从援助之手到攫取之手［J］. 经济学（季刊），2002（1）：111－130.

［108］陈磊，刘秀华．基于模糊综合评价模型的城市土地集约利用潜力评价——以河南省平顶山为例［J］．南方农业学报，2011，42（3）：340－344.

［109］陈荣．城市土地利用效率论［J］．城市规划学刊，1995（4）：28－33.

［110］陈淑云，曾龙．地方政府土地出让行为对产业结构升级影响分析——基于中国281个地级及以上城市的空间计量分析［J］．产业经济研究，2017（6）：93－106.

［111］陈伟．城市工业用地利用效率的区域与行业差异研究［D］．南京：南京农业大学博士学位论文，2014.

［112］［法］杜尔哥．关于财富的形成和分配的考察［M］．唐日松译．北京：华夏出版社，2013.

［113］范建双，虞晓芬．土地利用效率的区域差异与产业差异的收敛性检验［J］．统计与决策，2015（10）：99－103.

［114］付敏杰，张平，袁富华．工业化和城市化进程中的财税体制演进：事实、逻辑和政策选择［J］．经济研究，2017（12）：29－45.

［115］傅勇，张晏．中国式分权与财政支出结构偏向：为增长而竞争的代价［J］．管理世界，2007（3）：4－12.

［116］高魏，马克星，刘红梅．中国改革开放以来工业用地节约集约利用政策演化研究［J］．中国土地科学，2013，27（10）：37－43.

［117］顾元媛，沈坤荣．地方政府行为与企业研发投入——基于中国省际面板数据的实证分析［J］．中国工业经济，2012（10）：77－88.

［118］郭爱请，葛京凤．河北省城市土地集约利用潜力评价方法探讨［J］．2006，28（4）：65－70.

［119］郭小忠．新型城镇化进程中的土地集约利用问题与对策［D］．北京：中国地质大学（北京）博士学位论文，2017.

［120］韩九云，陈方正．土地资源规划配置的经济效率分析［J］．中国市场，2009（27）：58－60.

［121］何好俊，彭冲．城市产业结构与土地利用效率的时空演变及交互影响［J］．地理研究，2017（7）：1271－1282.

[122] 何景熙，何懿．产业－就业结构变动与中国城市化发展趋势［J］．中国人口·资源与环境，2013（6）：105－112.

[123]［荷］赫尔曼·德沃尔夫．荷兰土地政策解析［J］．贺憬寰译．国际城市规划，2011，2（3）：9－14.

[124] 嵇欣．工业园区土地产出效率评价的思路与方法研究［D］．上海：复旦大学博士学位论文，2012.

[125] 贾康．正确把握大思路配套推进分税制——兼与“纵向分两段，横向分两块”的主张商榷［J］．财经论丛，2006（1）：1－5.

[126] 姜爱林．中国城镇化绩效及当前存在的主要问题分析［J］．沿海企业与科技，2002，17（2）：27－29.

[127] 蒋贵国．成都市工业用地土地集约利用潜力评价研究［J］．四川师范大学学报（自然科学版），2007，30（5）：652－656.

[128] 蒋省三，刘守英，李青．土地制度改革与国民经济成长［J］．管理世界，2007（9）：1－9.

[129] 解静香，王洪运，宋亚秀．促进城市土地集约利用的途径和措施［J］．国土资源，2009（7）：56－57.

[130] 金媛，王世尧．分割市场与土地出让——理论与来自中国省际面板的证据［J］．中国经济问题，2016（6）：14－23.

[131]［美］克拉克．财富的分配［M］．陈福生，陈振骅译．北京：商务印书馆，2014.

[132]［法］魁奈．魁奈《经济表》及著作选［M］．晏智杰译．北京：华夏出版社，2013.

[133]［美］雷利·巴洛维．土地资源经济学：不动产经济学［M］．谷树忠等译．北京：北京农业大学出版社，1989.

[134] 雷潇雨，龚六堂．基于土地出让的工业化与城镇化［J］．管理世界，2014（9）：29－41.

[135] 李标．中国集约型城镇化及其综合评价研究［D］．成都：西南财经大学博士学位论文，2014.

[136] 李方旺，周富祥，刘金云．财政收入比重持续下降的实证分析及

"九五"扭转下降趋势的具体对策［J］. 经济研究参考，1996（89）：19－33.

［137］李建强，曲福田. 土地市场化改革对建设用地集约利用影响研究［J］. 中国土地科学，2012，26（5）：70－75.

［138］李学文，卢新海. 经济增长背景下的土地财政与土地出让行为分析［J］. 中国土地科学，2012，26（8）：42－47.

［139］李永乐，舒帮荣，吴群. 中国城市土地利用效率：时空特征、地区差距与影响因素［J］. 经济地理，2014，34（1）：133－139.

［140］李子奈，齐良书. 关于计量经济学模型方法的思考［J］. 中国社会科学，2010（2）：69－83.

［141］［美］理查德·T. 伊利，爱德华·W. 莫尔豪斯. 土地经济学［M］. 腾维藻译. 北京：商务印书馆，1982.

［142］廖进中，韩峰，张文静，徐荻迪. 长株潭地区城镇化对土地利用效率的影响［J］. 中国人口·资源与环境，2010（2）：30－36.

［143］林毅夫，蔡昉，李周. 中国的奇迹：发展战略与经济改革（增订版）［M］. 上海：上海人民出版社，2013.

［144］林毅夫，李志赟. 政策性负担、道德风险与预算软约束［J］. 经济研究，2004（2）：17－27.

［145］林毅夫，李周. 国有企业改革的核心是创造竞争的环境［J］. 改革，1995（3）：17－28.

［146］林毅夫，刘志强. 中国的财政分权与经济增长［J］. 北京大学学报（哲学社会科学版），2000，37（4）：5－17.

［147］林毅夫. 分税制出现问题，有必要进行新一轮税改［J］. 创新科技，2006（10）：5－6.

［148］林毅夫等. 中国的奇迹：发展战略与经济改革［M］. 上海：上海人民出版社，1994.

［149］刘宝涛. 吉林省新型城镇化与土地健康利用协调发展研究［D］. 长春：吉林大学博士学位论文，2017.

［150］刘传明，李红，贺巧宁. 湖南省土地利用效率空间差异及优化对策［J］. 经济地理，2010，30（11）：1890－1896.

［151］刘东伟，张文秀，郑华伟．四川省城市土地利用经济效率分析［J］．资源与产业，2011，13（1）：173－178.

［152］刘凯．中国特色的土地制度如何影响中国经济增长——基于多部门动态一般均衡框架的分析［J］．中国工业经济，2018，367（10）：82－100.

［153］刘灵辉，陈银蓉，石伟伟．基于模糊综合评价法的柳州市土地集约利用评价［J］．资源调查与评价，2007，24（6）：1－6.

［154］刘卫东，段洲鸿．工业用地价格标准的合理确定［J］．浙江大学学报（人文社会科学版），2008，38（4）：146－153.

［155］刘艳华，王家传．中国农村信贷配给效率的实证分析［J］．农业经济问题，2009，30（5）：23－28.

［156］刘艳华，郑平．农业信贷配给对农民消费间接效应的双重特征——基于面板门限模型和空间面板模型的实证分析［J］．金融经济学研究，2016（3）：38－50.

［157］刘艳华．农业信贷配给对农村居民消费的间接效应——基于面板门槛模型的阐释［J］．农业经济问题，2016（7）：98－105.

［158］刘智超，赵姚阳．基于灰色关联法和熵值法的南京市土地集约利用影响因素分析［J］．广东农业科学，2012（1）：188－192.

［159］龙海明，邓可欣，张倚胜．农村信贷配给实证分析［J］．财经理论与实践，2012，33（5）：13－17.

［160］龙拥军，杨庆媛，陈琳琳，洪辉．省域土地利用效率空间差异分析——以重庆市为例［J］．改革与战略，2011，27（8）：114－116.

［161］［德］马克思．资本论［M］．中共中央马克思恩格斯列宁斯大林著作编译局译．北京：人民出版社，2004.

［162］密长林．土地节约集约利用与经济发展的协调性研究［D］．天津：天津大学博士学位论文，2015.

［163］潘润秋，易子豪，张琴．基于DEA模型和Malmquist生产效率指数的我国省际土地利用生态效率时空演变［J］．江苏农业科学，2018，46（5）：244－249.

［164］裴小林．集体土地制：中国乡村工业发展和渐进转轨的根源［J］．

经济研究，1999（6）：45－50.

［165］乔陆印，周伟，曹银贵，刘斌，辛学磊．城市土地集约利用评价指标体系研究［J］．生态经济，2010（6）：31－34.

［166］邱继勤，邱道持，石永明．城乡建设用地挂钩指标的市场配置［J］．城市问题，2010（7）：65－69.

［167］渠丽萍，张丽琴，胡伟艳．城市土地集约利用变化因素研究——以武汉市为例［J］．资源科学，2010，32（5）：970－975.

［168］邵晓梅，王静．小城镇开发区土地集约利用评价研究——以浙江省慈溪市为例［J］．地理科学进展．2008，27（1）：75－81.

［169］石培基，邴广路．基于熵值法的建设用地集约利用评价——以甘肃省为例［J］．干旱区研究，2009，26（4）：502－527.

［170］石晓平，曲福田．中国东中西部地区土地配置效率差异的比较研究［J］．山东农业大学学报（社会科学版），2001，3（2）：27－32.

［171］［英］斯拉法．大卫·李嘉图全集第1卷：政治经济学及赋税原理［M］．郭大力，王亚南译．北京：商务印书馆，2013.

［172］宋红梅，侯湖平，张绍良，丁忠义，黄继辉．基于熵值法的城市土地集约利用评价——以徐州市为例［J］．资源开发与市场，2007，23（2）：116－118，180.

［173］孙青，张晓青，尹向来．土地利用效益与新型城镇化水平的协调关系研究——以山东半岛城市群为例［J］．湖南师范大学自然科学学报，2018，41（4）：16－25.

［174］孙晓华，柴玲玲．相关多样化、无关多样化与地区经济发展——基于中国282个地级市面板数据的实证研究［J］．中国工业经济，2012（6）：5－17.

［175］谭林丽，刘锐．城乡建设用地增减挂钩：政策性质及实践逻辑［J］．南京农业大学学报（社会科学版），2014（5）：76－83.

［176］陶然，陆曦，苏福兵，汪晖．地区竞争格局演变下的中国转轨：财政激励和发展模式反思［J］．经济研究，2009（7）：15－27.

［177］田俊丽．中国农村信贷配给及农村金融体系重构［D］．成都：西南

财经大学博士学位论文，2006.

［178］王克强，熊振兴，高魏．工业用地使用权交易方式与开发区企业土地要素产出弹性研究［J］．中国土地科学，2013，27（8）：4－9.

［179］王梅，曲福田．昆山开发区企业土地集约利用评价指标构建与应用研究［J］．中国土地科学，2004，18（6）：22－27.

［180］王秋红，李梦杰．我国城镇化对产业结构升级影响实证研究［J］．商业经济研究，2015（4）：49－50.

［181］王群，王万茂．中国经济增长、建设用地扩张与用地－产出比率——基于2000～2014年中国省际面板数据分析［J］．中国地质大学学报（社会科学版），2017（6）：164－175.

［182］王小鲁，夏小林．加速城市发展应与产业结构和布局调整结合起来［J］．经济研究参考，1999（5）：43.

［183］王晓艳，邓良基，郑华伟，邓云思．成都市土地集约利用水平及影响因素［J］．国土资源科技管理，2008，25（3）：69－73.

［184］王昱，丁四保，卢艳丽．建设用地利用效率的区域差异及空间配置——基于2003～2008年中国省域面板数据［J］．地域研究与开发，2012（6）：132－138.

［185］［美］威廉·阿朗索．区位和土地利用：地租的一般理论［M］．梁进社等译．北京：商务印书馆，2010.

［186］［英］威廉·配第．赋税论［M］．邱霞，原磊译．北京：华夏出版社，2013.

［187］韦东，陈常优，屠高平．影响城市土地集约利用的因素研究——以我国30个特大城市为例［J］．国土资源科技管理，2007（2）：12－16.

［188］［德］沃尔特·克里斯塔勒．德国南部中心地原理［M］．王兴中等译．北京：商务印书馆，1998.

［189］吴得文，毛汉英，张小雷，黄金川．中国城市土地利用效率评价［J］．地理学报，2011，66（8）：1111－1121.

［190］吴丽．中国城市建设用地集约利用研究［D］．合肥：中国科学技术大学硕士学位论文，2014.

[191] 吴琼，李树枝. 近年来工业用地供应情况分析 [J]. 国土资源情报，2011 (7): 40-43.

[192] 吴宇哲. 基于博弈论的区域工业地价均衡分析及管理策略研究[J]. 浙江大学学报（人文社会科学版），2007，37 (4): 124-133.

[193] 吴郁玲，曲福田，冯忠垒. 我国开发区土地资源配置效率的区域差异研究 [J]. 中国人口·资源与环境，2006 (5): 112-116.

[194] 吴郁玲. 基于土地市场发育的土地集约利用机制研究——以开发区为例 [D]. 南京：南京农业大学博士学位论文，2007.

[195] 谢冬水. 土地供给干预与城乡收入差距——基于中国105个城市的面板数据 [J]. 经济科学，2018，225 (3): 37-50.

[196] 谢乔昕，宋良荣. 中国式分权、经济影响力与研发投入 [J]. 科学学研究，2015，33 (12): 1797-1804.

[197] 谢作诗，李善杰. 软预算约束的原因与性质：一个改进的一般化模型 [J]. 经济学（季刊），2015，14 (3): 1193-1210.

[198] 谢作诗，李善杰. 软预算约束的原因与性质：综述及评论 [J]. 产业经济评论，2012，11 (1): 109-125.

[199] 徐升艳，陈杰，赵刚. 土地出让市场化如何促进经济增长 [J]. 中国工业经济，2018 (3): 44-61.

[200] 许成刚. 政治集权下的地方经济分权与中国改革 [J]. 经济社会体制比较，2009 (36): 7-22.

[201] 薛暮桥. 1981年中国经济年鉴（简编）[M]. 北京：经济管理杂志社，1982.

[202] [英] 亚当·斯密. 国富论（全2卷）（权威全译本）[M]. 郭大力，王亚南译. 北京：商务印书馆，2014.

[203] 阳敏，王绍光. 中国基层财政之困——专访王绍光博士 [J]. 南风窗，2006 (5): 15-19.

[204] 杨继东，杨其静. 保增长压力、刺激计划与工业用地出让 [J]. 经济研究，2016 (1): 99-113.

[205] 杨遴杰，饶富杰. 政府在工业用地配置中角色失效原因分析 [J].

中国土地科学，2012，26（8）：36－41.

［206］杨萍. 现代农业园区土地高效利用研究：理论、评价、路径［D］. 北京：中国农业大学博士学位论文，2016.

［207］杨其静，卓品，杨继东. 工业用地出让与引资质量底线竞争——基于2007～2011年中国地级市面板数据的经验研究［J］. 管理世界，2014（11）：24－34.

［208］杨树海. 城市土地集约利用的内涵及其评价指标体系构建［J］. 经济问题探索，2007（1）：27－30.

［209］杨小凯. 经济学：新兴古典与新古典框架［M］. 北京：社会科学文献出版社，2003.

［210］姚尧. 湖南省土地利用转型的时空演变特征及其与社会经济发展耦合协调机制研究［D］. 武汉：中国地质大学（武汉）博士学位论文，2018.

［211］叶京力，李江风，季翱. 城市化过程中的土地集约利用途径［J］. 资源开发与市场，2004，20（2）：108－110.

［212］伊茹，马占新. 内蒙古城市土地利用经济效率评价的实证研究［J］. 统计与决策，2009（1）：99－101.

［213］尹奇，罗育新，宴志谦. 城市土地资源配置效率的经济学分析——以住宅用地和非住宅用地为例［J］. 四川农业大学学报，2007，25（2）：135－138.

［214］余亮亮，蔡银莺. 国土空间规划管制、地方政府竞争与区域经济发展——来自湖北省县（市、区）域的经验研究［J］. 中国土地科学，2018，32（5）：56－63.

［215］［德］约翰·冯·杜能. 孤立国同农业和国民经济的关系［M］. 吴衡康译. 北京：商务印书馆，1986.

［216］［美］约拉姆·巴泽尔. 产权的经济分析［M］. 费方域，段毅才译. 上海：上海人民出版社，1997.

［217］翟文侠，黄贤金，张强，周峰，马其芳，钟太洋. 城市开发区土地集约利用潜力研究——以江苏省典型开发区为例［J］. 资源科学，2006（3）：54－60.

[218] 张军．改革以来中国的资本形成与经济增长：一些发现及其解释 [J]．世界经济文汇，2002 (1)：18－31.

[219] 张莉，王贤彬，徐现祥．财政激励、晋升激励与地方官员的土地出让行为 [J]．中国工业经济，2011 (4)：35－43.

[220] 张良悦，刘东，刘伟．土地贴现、资本深化与经济增长——基于省级面板数据的分析 [J]．财经科学，2013 (3)：105－114.

[221] 张琳，郭雨娜，刘冰洁．产业结构对工业用地集约利用的影响研究 [J]．产业经济评论，2016 (2)：72－81.

[222] 张念．城镇化背景下资源节约集约型土地税收制度研究——以香港土地制度为借鉴 [D]．北京：中国农业大学博士学位论文，2014.

[223] 张倩，王海卉．工业用地扩张和低效利用机理剖析——以南京市为例 [A] //2013 中国城市规划年会论文集 [C]．2013.

[224] 张维迎．博弈论与信息经济学 [M]．上海：上海人民出版社，2004.

[225] 张维迎．企业的企业家——契约理论 [M]．北京：三联书店，1995.

[226] 张五常．佃农理论：应用于亚洲的农业和台湾的土地改革 [M]．北京：中信出版社，2000.

[227] 张五常．经济解释（2014 增订本）[M]．北京：中信出版社，2015.

[228] 张五常．中国的经济制度 [M]．香港：花千树出版社，2008.

[229] 张小铁．我国传统城市土地产权制度评析 [J]．财经问题研究，1994 (6)：55－59.

[230] 张小铁．转轨中的中国城市土地经济问题研究 [D]．北京：中共中央党校博士学位论文，1994.

[231] 张晏，龚六堂．分税制改革、财政分权与中国经济增长 [J]．经济学（季刊），2005，5 (4)：75－108.

[232] 张宇辰，孙宇杰．城市工业用地扩张及其边际效率研究 [J]．江西农业学报，2012，24 (7)：160－163.

[233] 张璋，周新旺．土地出让价格、政府补贴与产业结构升级 [J]．财

经科学，2017（12）：108－119.

［234］赵鹏军，彭建．城市土地高效集约化利用及其评价指标体系［J］．2001，23（5）：23－27.

［235］赵文哲，杨继东．地方政府财政缺口与土地出让方式——基于地方政府与国有企业互利行为的解释［J］．管理世界，2015（4）：11－24.

［236］赵燕菁．土地财政：历史、逻辑与抉择［J］．城市发展研究，2014（1）：1－13.

［237］中国经济增长前沿课题组，张平，刘霞辉，袁富华，陈昌兵，陆明涛．中国经济长期增长路径、效率与潜在增长水平［J］．经济研究，2012（11）：4－17，75.

［238］周克清，刘海二，吴碧英．财政分权对地方科技投入的影响研究［J］．财贸经济，2011（10）：31－37.

［239］周黎安．晋升博弈中政府官员的激励与合作——兼论我国地方保护主义和重复建设问题长期存在的原因［J］．经济研究，2004（6）：33－40.

［240］周黎安．中国地方官员的晋升锦标赛模式研究［J］．经济研究，2007（7）：36－50.

［241］周其仁．机会与能力——中国农村劳动力的就业和流动［J］．管理世界，1997（5）：81－101.

［242］周其仁．土地制度改革有四方面值得关注［J］．理论学习，2014（10）：36－37.

［243］周沂，贺灿飞，黄志基，王伟凯．地理与城市土地利用效率——基于2004～2008中国城市面板数据实证分析［J］．城市发展研究，2013，20（7）：19－25.

［244］庄红卫，李红．湖南省不同区域开发区工业用地利用效率评价研究［J］．经济地理，2011，31（12）：2100－2104.

［245］庄悦群．美国城市增长管理实践及其对广州城市建设的启示探求［J］．2005，155（92）：62－67.

后　记

在博士论文完成之际，我的心情激动而复杂。七年前，我幸运地考取了西北大学经济管理学院博士研究生。作为在职学生能在接近不惑之年重新回到母校接受正规的研究生学习对我来说是不可多得的机会。学术研究之路既有探索中的曲折艰辛，又有突破后的成长喜悦。既渗透着个人的辛勤劳动，更饱含了老师们的谆谆教诲与悉心指导。

选择资源配置效率作为自己的研究方向，是对迄今为止自己经济学学习与思考的阶段性总结。改革开放40多年来，中国的经济增长取得了举世瞩目的成就，但是在如何认识和总结中国经济发展规律方面，理论界却纷争不断。国外主流经济学理论重点关注于“有效市场”对经济增长的基础性作用；而国内部分学者则注重中国特色，强调“有为政府”对经济增长的推动作用。然而，无论是“有效市场”还是“有为政府”，要想真正发挥其作用，最终必将体现为资源配置效率的改善。有关市场优化资源配置效率的文献已经汗牛充栋，但是关于“有为政府”如何改善资源配置效率的研究却并不充分。2008年，我第一次拜读了张五常教授的著作《中国的经济制度》，虽然对其结论不敢苟同，但是书中的一句话却深深地打动了我，“在有那么多不利的困境下，中国的高速增长持续了那么久，历史上从来没有过，中国一定是做了非常对的事才产生了我们见到的经济奇迹”。正是这一句话影响了我的经济学研究道路。

借此机会，我想深深感谢我的导师赵守国教授。在读博士期间，我参与了多个赵守国教授主持的纵向与横向项目，从而有机会深入了解基层政府的职能与运作。正是在此基础上，才形成了本书的主要思想与观点。他严谨求实的治学风范、提携后进的高尚情操是我终身学习的楷模，没有他的指导与鼓励，我不可能完成本项研究。此外，我还要感谢孙万贵老师、刘慧侠老师、王满仓老师在博士论文预答辩和答辩过程中提出的宝贵意见，他们广博深厚的学识、高屋建瓴的建议，对本书的修改完善具有重要意义。同时，也感谢我的博士同学常野、陈龙、安树军等，本书的完成离不开他们的帮助。

七年在职学习，我得到工作单位西安邮电大学经济与管理学院的大力支持。我想深深感谢院长张鸿教授对我工作和学习给予的极大支持，深深感谢陆伟刚教授、薛君教授、楼旭明教授、王宏涛博士、刘飞博士、贺信等诸位老师在各方面给予的鼎力支持。

我想深深感谢我的挚友们，在我工作和学习遇到困难时，你们的温馨陪伴和问候给了我莫大的动力。

最后，我想深深感谢我的家人。得益于他们的大力支持，我才能够安心读博士和做科研，他们的无私付出是我学习和工作的强大后盾。你们为我付出的点点滴滴我都将永远铭记于心！

许　港

2021 年 3 月